HEYNE BÜCHER

Von der selben Autorin erschienen außerdem
als Heyne-Taschenbücher

Makrobiotische Küche · Band 07/4288
Sprossen und Keime · Band 07/4325
Körner und Keime · Band 07/4362
Heilerde · Band 08/9028

ROSE-MARIE
NÖCKER

Gesundheit aus dem Zimmergarten

Die Entdeckung der 12 Tage Kräuter

Originalausgabe

WILHELM HEYNE VERLAG
MÜNCHEN

HEYNE KOCH- UND GETRÄNKEBÜCHER
Nr. 07/4404

5. Auflage

Printed in Germany 1990
Umschlagfotos: H.-G. Mebusch nach einer Idee von Rose-Marie Nöcker
Innenillustrationen: Sabine Fischer
Umschlaggestaltung: Atelier Ingrid Schütz, München
Satz: Schaber, Wels
Druck: Ebner Ulm

ISBN 3-453-40388-6

Inhalt

Wer sich für Sprossenzucht interessiert, dem seien die beiden Titel SPROSSEN UND KEIME (Heyne-Taschenbuch Nr. 07/4325) und KÖRNER UND KEIME (Band-Nr. 07/4362) von Rose-Marie Nöcker empfohlen. Sie stellen eine sinnvolle Ergänzung zu diesem Buch dar.

Abkürzungen und Erläuterungen

Die Mengenangaben in den Rezepten beziehen sich auf 4 Personen.

EL = Eßlöffel
TL = Teelöffel
l = Liter
g = Gramm

*»Beharrlichkeit bringt Heil.
Sieh auf die Ernährung und womit einer
selbst sucht, seinen Mund
zu füllen. Bei der Zuwendung von Pflege
und Ernährung ist es wichtig,
daß für die rechten Leute gesorgt wird
und man für seine eigene
Ernährung in der rechten Weise sorgt.«*

I GING

Vorwort

Anders essen, anders leben!

»Alles ist eins.«
Was Du denkst, das bist Du, und was Du ißt, das wirst Du sein.
Viele Naturwissenschaftler und Philosophen stellen fest: Die Welt steht am Wendepunkt. Die Lager sind gespalten: Die eine Gruppe glaubt, daß nur eine weltweite Katastrophe uns retten kann. Die andere Gruppe sieht den Einstieg in die Zukunft durch ein erweitertes Bewußtsein.
Sterbende Wälder, eine durcheinandergebrachte Ökologie und krankmachende Nahrung bestimmen unseren Alltag und zwingen uns zum Umdenken oder zum Resignieren. Nehmen wir die Krise wahr! Wenn wir umdenken wollen, können wir uns an dem klassischen Satz *Mens sana in corpore sano* orientieren, der heute im Zusammenhang mit dem holistischen (ganzheitlichen) Denken wieder entdeckt wird.
Körperliches und geistiges Wohlbefinden bedingen einander. Sie sind Basis eines erfüllten, glücklichen Lebens und bedeuten Gesundheit.

Eine der weitreichendsten Möglichkeit, unser Leben selbst in den Griff zu bekommen, liegt in einer Ernährungsumstellung durch eine autonome Versorgung mit Sprossen und dem 12-Tage-Kraut, die helfen, die Mängel denaturierter Nahrung weitgehend auszugleichen. Wir können uns gesund ernähren, wenn wir außerdem lernen, auf eine Menge dummer Eßgewohnheiten, die durch Vorurteile geprägt wurden, zu verzichten. Haben wir das erst einmal begriffen, ändert sich manches: Wir sind selbst für unsere Gesundheit verantwortlich. Gesundheit ist nicht käuflich.

Alles Große beginnt im Kleinen. Ein Samenkorn wächst zu einem großen Baum.

Lösen wir uns vom Streß der scheinbar unlösbaren Probleme und »erden« uns im Zimmergarten. Der Anbau unserer eigenen Nahrung hilft beim Aufbau unseres Selbstvertrauens, ohne das keine Veränderung möglich ist.

In ihren seelsorgerischen Briefen schreibt die Äbtissin und Ärztin des Mittelalters, Hildegard von Bingen: »Halte deinen Tempel mit Umsicht in Ordnung, damit jene Grünheit, mit der du Gott in Liebe empfängst, nicht Schaden nehme.«

»Wenn die gesunde Natur
des Menschen als ein Ganzes wirkt,
wenn er sich der Welt als
in einem großen, schönen würdigen
und werten Ganzen fühlt,
wenn das harmonische Behagen ihm
freies Entzücken gewährt,
dann würde das Weltall, wenn es
sich selber empfangen könnte,
an das Ziel gelangen, aufjuchzen
und den Gipfel des eigenen Werdens
und Wesens bewundern.«

J.W. v. GOETHE

Einleitung

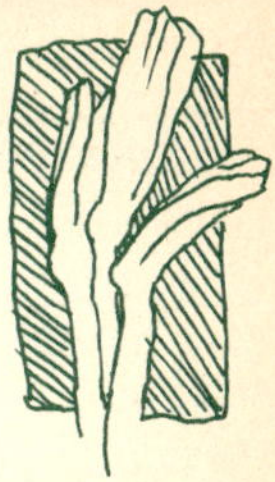

Der verlorene Garten Eden

Einst war unsere Erde ein paradiesischer Garten, ein Symbol für das Band zwischen Mensch und Gott. Die Natur war die Lehrmeisterin des Lebens. Alles Existierende unterstand der Ordnung des endlosen Universums. Die Menschen spürten sich in Sonne und Mond, Himmel und Sternen, Meeren und Flüssen, Berg und Tal.
Seitdem sind Jahrtausende vergangen. »Macht Euch die Erde untertan ...« – hat dieser Bibelspruch mit dem Herrschaftsauftrag Gottes an den Menschen zu der sich abzeichnenden Umweltkatastrophe geführt?
Heute schickt die Chemie dem Agrarproduzenten eine »Rückfahrkarte« ins Paradies. Nicht im Schweiße unseres Angesichts arbeiten wir, sondern per Knopfdruck. Die Agrikultur wird verwaltet, der »Planet geplündert«.
Durch Schlagzeilen ersterben unsere letzten Antriebskräfte:

- »Cadmium in Pilzen«
- »Vorzugsmilch, verschmutzt durch Sauberkeit«
- »Waldsterben, saurer Regen«
- »Wenn der Hase ins Gift beißt«
- »Grüße aus einer vergifteten Umwelt«
- »Apokalypse now«

Diese Schlagzeilen sind grausame Wirklichkeit: Sie signalisieren die fragwürdige Qualität unserer Nahrungspflanzen.

Aus dem Allround-Gärtner ist der Schmuckgartenbesitzer geworden, der sein Prestigegrün im Millimeterschnitt pflegt.

Die *Selbstversorgung* ist gleich Null. Bestenfalls gibt es ein winziges Kräuterbeetchen, das oft in die sonnenlose Ecke gedrängt wird, damit das »wildwachsende Kraut« die Gradlinigkeit der Rasenbürste nicht stört: Gartenanlage nach TÜV-Kriterien.

In Betonsilos lebend essen wir Toast mit Antischimmelmitteln und verlangen nach noch mehr Naturfilmen im Fernsehen.

Die Beschäftigung mit Maschinellem und Funktionellem züchtet leblose Denkformen und Verhaltensmuster nach DIN-Norm.

»Ich teile Deine Sorgen mein Freund, nicht Deinen Pessimismus.«

Hoffnung: Wir sind nicht auf die sogenannte Industrienahrung angewiesen. Wir können sie unterwandern.

Werden wir zum 12-Tagekraut-Gärtner! Zeuge vom »Wachsen und Werden«.

»Von der Hand in den Mund«, sagt der Zimmergärtner, »das ist ein Biß ins Prinzip Hoffnung.« Heil- und Würzkräuter gehören seit Jahrtausenden zur Ernährung. Sie sorgen für den Aufbau und die Stärkung unserer Organe.

Legen wir also einen Zimmergarten an. Platz ist in der kleinsten Wohnung. In leichten Kisten, in alten Blechdosen, gereiht oder gehängt, lassen sich Samen in 12 Tagen zu einem heilenden und energiereichen Grünkraut züchten. Im Blattgrün lagert die unbändige Kraft der Sonne. Als grünes Pigment können wir uns diese Energie einverleiben – wie seit Jahrtausenden.

Das Zwölf-Tage-Kraut wird die Sterilität aus den Räumen verbannen, und wir können aufatmen. Grünpflanzen geben uns den ganzen Tag Sauerstoff.

Packen wir die Chance zum Überleben: Rückbesinnung auf die Natur – ihre Entdeckung im Kleinen. Jetzt geht's nicht mehr um die Selbstverwirklichung der späten siebziger Jahre, das eigene Seelenheil zu finden, die Bewußtseinsveränderung nach innen.

Was nützt es, wenn ich mich immer mehr abkapsele, aber meine Umwelt sich so unvorstellbar verschlechtert? Es kommt darauf an, sich nach außen zu öffnen und praktisch das anzugehen, was getan werden muß.
Eine sanfte Revolution beginnt. Lassen wir uns vom Zimmergarten finden.
Diese leiblich-seelische Erfahrung entfaltet unsere Sinne zur Wiederverzauberung unseres Planeten. Er ist mehr als eine Ressource.

Was macht das Kraut so grün?

1. Der Hauptbestandteil des Blattgrüns ist ein grüner Farbstoff, das Chlorophyll. Sein chemischer Aufbau ist dem des roten Blutfarbstoffes, dem Hämoglobin, ähnlich. Chlorophyll enthält als Zentralatom Magnesium, das Hämoglobin Eisen.
   Mit Hilfe der Sonnenenergie synthetisiert das Chlorophyll aus dem Kohlendioxyd der Luft und aus Wasser die Bausteine der Pflanzen und damit die Bausteine des Lebens: Kohlenhydrate (Zucker, Stärke und Cellulose), Fette und Eiweiß. Bei diesem Vorgang atmet die Pflanze Sauerstoff aus und versorgt uns dadurch mit dem wichtigsten Element für unsere Existenz. Dieser geheimnisvolle Vorgang, der bis heute noch nicht geklärt ist, wird als Photosynthese bezeichnet.
   Bei den Synthesen dieser Bausteine des Lebens spielen auch die Mineralstoffe, die die Pflanze dem Boden entnimmt, wie Phosphate, Kalium, Magnesium, Calcium, Spurenelemente, Nitrate, eine entscheidende Rolle.
   Weitere lebenswichtige Stoffe wie Enzyme, Vitamine zum Aufbau und auch Abbau der Pflanzensubstanz entstehen auf noch meist ungeklärte Weise. Auch für diese Synthesen ist Energie notwendig: die der Sonne.

2. Vor vielen Jahren schrieb William L. Laurence in einem Artikel über Pflanzengrün: »Chlorophyll ist die einzige in der Natur bekannte Substanz, der die Fähigkeit innewohnt, als ›Sonnenlicht-Sammler‹ zu wirken und die aufgefangene Sonnenenergie in der Pflanze zu speichern.

Ohne dieses Phänomen wäre kein Leben möglich. Von der Sonne erhalten wir die Energie, die wir zum Leben brauchen, gespeichert in der pflanzlichen Nahrung oder im Fleisch des pflanzenfressenden Tieres. Auch die aus Kohle oder Öl bezogene Energie ist Sonnenenergie, die vor Millionen von Jahren durch das Chlorophyll in Pflanzen aufgefangen wurde. Wir leben von der Sonne durch die Vermittlung des Chlorophylls.« Es ist wohl nicht besser auszudrücken.

Zusammenfassung

1. Chlorophyll enthält lebendige Bausteine, die sich zum großen Teil der chemischen Analyse entziehen. Ihr biologischer Wert läßt sich bis jetzt nur durch die heilenden Wirkungen an Lebensvorgängen beweisen. (S. Untersuchungen der amerikanischen Forscher Potenger und Simon im Buch »Lebende Makromoleküle«.)
2. Durch das Chlorophyll wirken Vitamine und Enzyme.
3. Chlorophyll ist »der Blutfarbstoff des Pflanzenlebens«. Es ist dem Molekül des roten Blutfarbstoffes, dem Hämoglobin, ähnlich.
4. Chlorophyll absorbiert Sonnenenergie und benützt sie auf noch weitgehend unbekannte Art für die Produktion von Zucker, Fetten und Eiweißstoffen.
5. Chlorophyll ist lebende Nahrung.

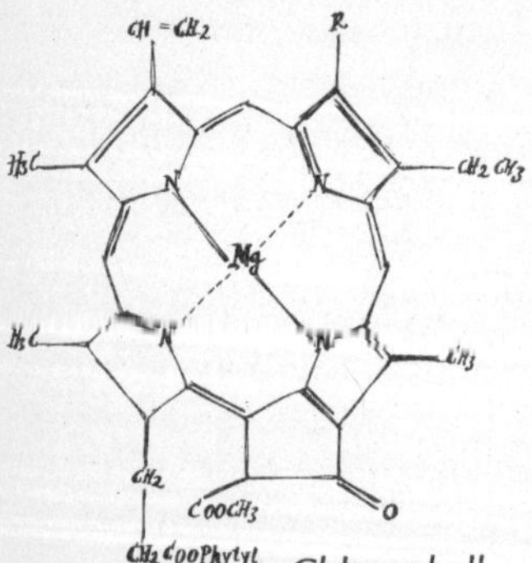

Chlorophyll

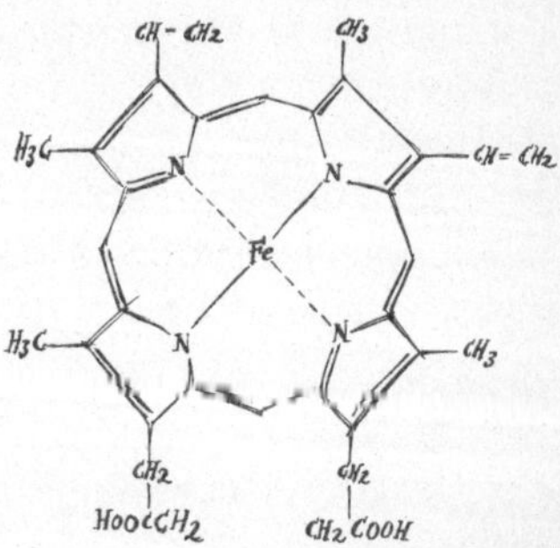

Hämoglobin

Chlorophyll für die Gesundheit

Die Erkenntnis, daß grüne Kräuter Kraft und Gesundheit spenden, ist uralt. Wir finden Anhaltspunkte in Vegetationsmythen und Märchen. Medizinmänner und Heiler in aller Welt wußten von dieser elixierhaften Wirkung der grünen Blätter. Ihre Anwendungen und Wirkungen sind durch die Geschichte der Heilkräuter überliefert. Hildegard von Bingen hinterläßt uns in ihren Schriften den Begriff »Viriditas«, Grünkraft, um die sie ihre Heilkunde entwickelt hat. Die grüne Kraft wirkt nicht nur in der Vegetation, sondern auch in uns. Hildegard schreibt: »Die Seele ist die grünende Kraft des Leibes. Die Seele wirkt mittels des Leibes und der Leib mittels der Seele.« Und an einer anderen Stelle: »Weitherzigkeit, Gelassenheit und Liebe kennzeichnen die Seele des in Grünheit lebenden Menschen.« Hier wirkt ihre Aussage wie eine mahnende Botschaft an unsere Zeit; und der Volksmund meint:
Grün ist die Hoffnung.
Die Bedeutung des grünen Pflanzenfarbstoffes für die Behandlung vieler Krankheiten ist schon vor Jahrzehnten von hervorragenden Wissenschaftlern wie Bürgi, Willstätter, Gsell, Gordonoff und in den USA von Dr. Ann Wigmore, Bernhard Jensen und vielen anderen erkannt und in ausgedehnten Untersuchungen nachgewiesen worden. Die Forschung hebt immer wieder die auffallende Ähnlichkeit des molekularen Aufbaus von Chlorophyll und Hämoglobin

hervor. Nichs beeinflußt unsere Gesundheit und unser Leben mehr als die Qualität unseres Blutes. Grundlage dafür ist Nahrung mit Blattgrün.
Chlorophyll ist im Organismus »Baumaterial« für den Blutfarbstoff. Es regt zur Blutbildung an, stimuliert den Kreislauf, stärkt und reinigt. In konzentrierter Form wirkt Chlorophyll leicht blutdrucksteigernd, in verdünnter Form schwach blutdrucksenkend. Es wirkt spasmolytisch (krampflösend) und bei Arteriosklerose der Anreicherung von Cholesterin entgegen. Selbst bei längerer Anwendung ist Chlorophyll nicht toxisch. Die Atmung, unser Grundumsatz, die Darmbewegung und der Eiweißstoffwechsel werden gesteigert.
In einem Artikel des amerikanischen Magazins »Science Newsletter« berichten Wissenschaftler über 1200 registrierte Fälle, in denen Chlorophyll tiefliegende Infektionen bekämpfte, offene Wunden reinigte, chronische Stirnhöhlenvereiterungen und allgemeine Erkältungen heilte. Noch bemerkenswerter ist, wie schnell und wirkungsvoll dies geschieht, ohne die typischen beeinträchtigenden Begleiterscheinungen der meisten Antiseptika.
Der Heiler Chlorophyll ist mächtig und mild zugleich, vernichtet Keime und schont das Körpergewebe.
Aus der gleichen Studie geht hervor, daß Chlorophyll der Peritonitis und Gehirntumoren entgegenwirkt (s. Anhang: Bernhard Jensen).
Dr. Ann Wigmore, Leiterin des Hippocrates-Health-Institute in Boston, Mass., unternimmt sogar den Versuch, Krebserkrankungen mit Chlorophyll (Weizengrassaft) zu heilen. Sie berichtet über die entgiftende Kraft des Chlorophylls im Weizengras (s. Anhang) und beschreibt, daß einige Halme Gras verseuchtes Wasser neutralisieren und auch Weizengrasbüschel vor dem Fernseher die negativen Strahlen auffangen. Leider wissen wir ja noch sehr wenig über die schädlichen Ausstrahlungen von Radar, TV und die radioaktive Abluft aus Atomkraftwerken.
Es wird vermutet, daß Chlorophyll in der Lage ist, Blei aus

dem Organismus zu entfernen. Grünkraut ist nicht nur Lebensmittel: Es ist Überlebensmittel.
»Jede Pflanze kann aus der sie umgebenden Niederspannungsenergie eine Art Hochspannungsenergie erzeugen. Durch diese Energieumwandlung spannt sie eine Feder, die andere Lebewesen mit Nahrung und Kraft versorgt.« (Gustave Le Bon, 1919)
Nehmen wir diese strahlende Lebendigkeit, die nur in grünen Kräutern so intensiv wächst. Sie ist existentiell.

Zusammenfassung

- Chlorophyll reinigt das Blut. Es spült Ablagerungen und Gifte aus dem Körper.
- Chlorophyll hemmt Entzündungen und schafft ein für Bakterien ungünstiges Klima, ohne direkt auf das Gewebe einzuwirken.
- Chlorophyll desinfiziert und heilt Wunden.
- In verdünnter Form senkt es den Blutdruck und
- in konzentrierter Form wirkt es leicht blutdrucksteigernd.
- Bei Arteriosklerose wirkt es der Anreicherung des Cholesterins entgegen.
- Es lindert Schmerzen und entkrampft.
- Es klärt den Atem und beseitigt unangenehmen Körpergeruch.
- Es reinigt und verschönt die Haut.

Machen wir uns diese Erkenntnisse zu eigen: Wenden wir uns dem grünen Kraut zu! Nichts wächst einfacher als das Grünkraut aus dem Zimmergarten.

ERDE
TORF

Der Zimmergarten hat keinen Zaun

»Wer einen Tag glücklich sein will, trinke
Wer eine Woche glücklich sein will, schlachte ein Schwein
Wer ein Jahr glücklich sein will, heirate
Wer immer glücklich sein will – der werde Gärtner.«

CHINA

Leben – Überleben heißt für uns Städter, den Betondschungel zu begrünen und die Zimmer in fruchtbringende Gärten zu verwandeln. Hinter tausend Usambaraveilchen und exotischen Zimmerpflanzen verbirgt sich unsere archaische Sehnsucht nach Wald und Wiese.

»Nach grüner Farb mein Herz verlangt,
nach dieser schweren Zeit,
der arge Winter währt so lang,
der Weg ward mir verschneit«

FONTANE

Es ist nicht schwer, auf kleinstem Raum einen Zimmergarten anzulegen, Gärtner zu werden. Ein Hoffnungsstrahl und eine Chance, die Aufgaben unserer Zeit im Kleinen und mit eigenen Schritten anzugehen.
Machen wir die Fensterbänke frei für die 12-Tage-Kräuter, die wir säen und ernten. Wir haben genug Zeit dazu. Die Dauerklage »keine Zeit zu haben«, ist sehr oft nur vorgeschoben, weil wir für dieses oder jenes keine Zeit haben *wollen*. Innere Ablehnung zeigen wir durch Müdigkeit. Wer seinen

Garten bejaht, entscheidet sich für seine bewußte und wache Lebenszeit.
Schon nach 12 Tagen können wir unsere Teller entscheidend bereichern. Das Grünkraut aus dem Samen der Sonnenblume, des Bockshornklees, des Buchweizens, des Senfs, der Kresse, des Rettichs und der Luzerne sprießt uns zu und weckt unsere Sinne. Betrachten, Riechen, Schmecken, Fühlen, eine ganzheitliche Ernährung fordert unsere Sinne heraus!
»Zum Sehen geboren – zum Schauen bestellt« und, so möchte ich es im Sinne dieses Buches fortsetzen, »zum Säen geboren und Ernten« bestellen wir, was wir über 12 Tage wachsend und mit ihm wachsend erleben. Wir sind zum Gärtner geboren. Lassen wir wachsen!
Und ganz nebenbei:
Durch eine Lupe suggeriert uns der Liliputgarten Zauberlandschaften. Für die müden Fernsehaugen der Stadtkinder eine Reise in den Mikrokosmos – live. Am Kleinen üben, das Große zu sehen.

Praktische Voraussetzungen für den Zimmergarten

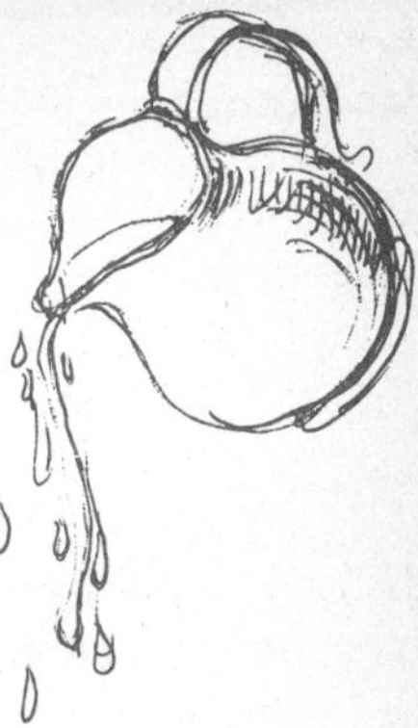

Wasser

Oder: Der Regengott ist sauer!

Mit der Verdrängung der heidnischen Götter, der Mutter Erde, der Erntegöttin, des Sonnengottes, des Gottes der Meere, der Waldgeister und Elfen und der Etablierung des Christentums, mit dem »Menschen als Krönung der Schöpfung«, hat eine Entwicklung begonnen, in der der Mensch die Natur nur noch als Ressource mißbraucht.
Diese Lebensweise hat zu einer ungeheuren Umweltverschmutzung und Verarmung geführt, deren eklatanter Folgen wir nur mit einer neuen und persönlichen Initiative Herr werden können.
Uns ist Wasser scheinbar unbegrenzt verfügbar und damit viel zu gering geachtet. Es ist in höchstem Maße gefährdet, denn jede Verschmutzung nimmt ihren Weg in seine Reservoire. In alten Kulturen war Wasser Mangelware und zugleich Lebensspender ersten Ranges und damit heilig.
Schauen wir nur einmal auf die kargen Mittelmeerlandschaften, die trockenen Steppen, die Wüsten und denken wir an den Monsun in Indien, den »heiligen Regen«, der über Leben und Tod der Menschen entscheidet.
In den europäischen und amerikanischen Industrieländern wird nicht nur die fehlende Menge Probleme schaffen, sondern die zunehmende Verschmutzung. Die Schäden, die das

Wasser genommen hat, werden in erster Linie durch Schwermetalle wie Zink, Cadmium, Blei und Nickel und durch Stickstoffverbindungen wie Nitrat und Ammonium verursacht. Die meisten der in den Industrieländern angebauten Nutzpflanzen (Getreide, Sonnenblumen etc.) sind in der Lage, die Schadstoffe des Bodens und Wassers zu absorbieren, d. h. in Halmen, Wurzeln und Blättern abzulagern.
Damit bleibt die Frucht bzw. die Ähre weitgehend schadstofffrei, wobei allerdings die Schadstoffzufuhr aus der Luft und dem Regen nicht aufgehoben ist.
Anders ist dies beim 12-Tage-Kraut. Durch das Wachsen im feuchten Umraum können sich die im Wasser vorhandenen Schadstoffe auf den Pflänzchen ablagern.
Dem beugen wir vor! Nichts darf die Qualität unseres Grünkrautes in Frage stellen. Es gibt drei sehr einfache, aber effektive Maßnahmen für die Wasserqualität:

1. **Aktivkohlefilter** (Brita-Filter)

a) In Form eines Küchengeräts oder
b) als angeschlossener Aktivkohlefilter an den Wasserhahn. Die Kohle nimmt die Schadstoffe auf und das Wasser wird gereinigt. (Wichtig ist, den Aktivkohlefilter häufig zu wechseln, da sich die Aufnahmefähigkeit je nach Wasserqualität schnell erschöpft.)

2. **Biosmon**
   Ein reinigendes Mineralpulver aus dem Reformhaus.

3. **Weizengras**
   Eine Handvoll Gras in einem Eimer Wasser eine halbe Stunde ziehen lassen.

Dr. E. Thomas bestätigt Dr. Ann Wigmore den Befund, daß Chlorophyll im Weizengras die Toxizität von Fluornatrium, das als Rattengift und zur Reinigung des Trinkwassers benutzt wird, neutralisiert: Da Weizengras verhältnismäßig reich an Calciumphosphat ist, wird das negativ geladene freie Fluorion als schwerlösliches Calciumphosphatfluorid umgesetzt. (S. Anhang: Kulvinskas.)

Erde

> *»In der Natur stammt jede Nahrung aus abgelaufenen Lebensvorgängen. Eines lebt vom Tode des anderen, von den Abfällen des anderen.«*
>
> H. P. RUSCH

Boden und Pflanze: eine Lebensgemeinschaft. Fruchtbarer Boden gibt der Pflanze Nahrung.
Um den Kreislauf zu wahren, verbleibt ein Teil zur Humusbildung im Boden – Geben und Nehmen.
Millionen verschiedener Kleinstlebewesen bauen die zurückgebliebenen Pflanzenteile ab.
Wo finden wir solchen Boden? Helfen wir uns selbst!

Kompostieren auf kleinstem Raum

Zubehör:

1. Erde ohne jeden chemischen Zusatz aus Gärtnereien.
2. Ein übergroßer Abfalleimer, besser zwei (ich benutze einen Eimer mit Rädern, das ist sehr praktisch).
3. Regenwürmer aus Zoohandlung oder Versand (sie vermehren sich schnell und es bleibt bei einem Einkauf).

Wir legen mit Hilfe von Regenwürmern und Küchenabfällen (bzw. später aus Resten unserer Anpflanzung) einen kleinen Kompost an. Die Regenwürmer sind unersetzliche Helfer. Sie durchkämmen den Boden, durchlüften ihn und bereichern seinen Mineralgehalt. Es scheint unglaublich: Der Regenwurm ernährt sich von der Erde und scheidet sie wertvoller wieder aus!

Das Kompostieren
im Zimmer:

Ab und zu mit einem Stock Löcher bis auf den Grund bohren.

Nach 6–8 Wochen mit Torf mischen.

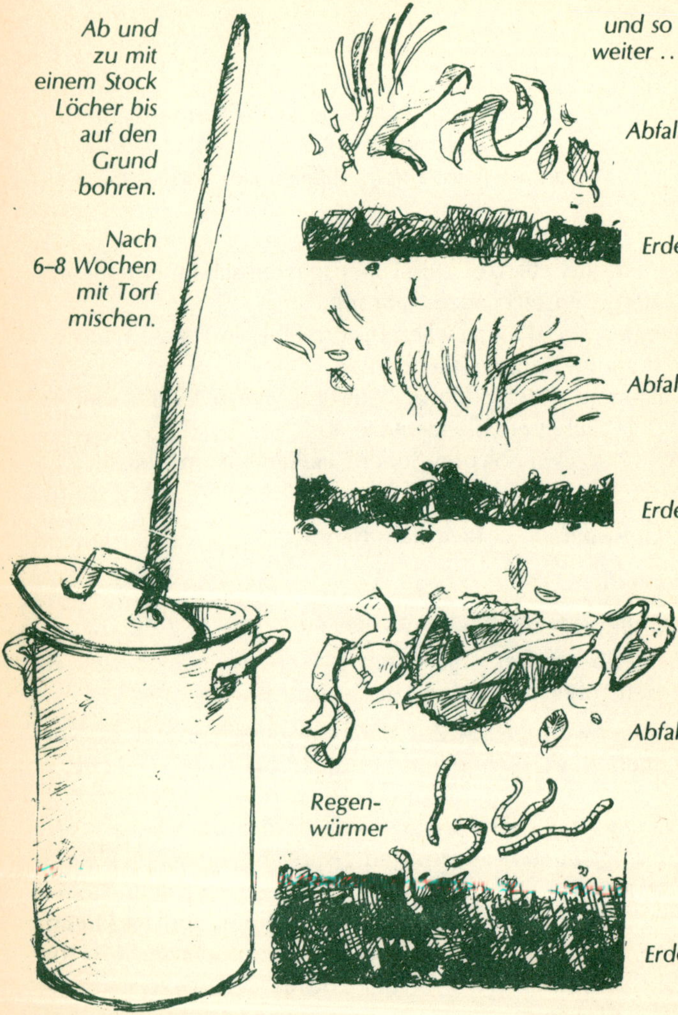

Fangen wir an

1. Eine gute Handbreit Erde auf den Grund des Eimers geben und 3 bis 4 Regenwürmer verteilen. (Wer noch nie einen Regenwurm angefaßt hat, sollte dankbar sein! Er darf ab sofort bei der Ökologie mitreden.)
2. Küchenabfälle auf die Erdschicht geben. Für den Anfang, sozusagen als Starter, sind zwei überreife Banenen sehr effektiv.
3. Diese mit Erde bedecken, ca. 2 Finger hoch, so daß kein Fruchtrest mehr zu sehen ist. Später können wir Reste unseres Zimmergartens, z. B. ein mattenartiges Wurzelwerk (Weizengrün) zerrupfen und hinzufügen.
4. So geht es weiter, Schicht um Schicht.
5. 3- bis 4mal pro Woche wird der Boden mit einem alten Besenstiel, den wir an verschiedenen Stellen bis zum Grund bohren, durchlüftet.
6. Der Deckel des Eimers muß zur Luftzufuhr immer lose aufliegen oder an mehreren Stellen durchbohrt werden. Wenn das Gefäß gefüllt ist, dauert es 6 bis 8 Wochen, bis die Erde sich umgesetzt hat. (Dies gilt für Zimmertemperatur, draußen dauert es entsprechend länger oder im Sommer kürzer.)

Merke: Gleichmäßige Temperatur von ca. 20° C.
Gute Durchlüftung durch Stochern und offenen Deckel.
Nur Reste von organisch gewachsenem Gemüse verwenden.

Die so entstandene Vollwerterde wird im Verhältnis 1 : 1 mit Torf gemischt, damit in unserem Winzlingsgarten für Durchlüftung der Erde gesorgt ist und sich die Feuchtigkeit im Torf gut hält.
Nun haben wir »an Boden gewonnen«, ideal für das Erwa-

chen und Wachsen der Saat. Alles kann umfassend aufeinander wirken.

»Kuhmist ist wichtiger als Dogmen.« MAO

Ein Geschenk an andere, die draußen einen Garten haben! Wurzelreste des Zimmergartens im Abfall sind ein Jammer. Wer sie nicht zur Aufwertung des Minikomposts verwahrt, sollte sie an einen Gartenfreund weitergeben. Es gibt kaum eine Gartenerde, die sich nicht durch das Wurzelwerk aus dem Zimmergarten regenerieren ließe. Mit der Wurzelmatte des Weizengrüns läßt sich der Boden abdecken – wie Blätter im Herbst. Sie fördern die Mikroexistenzen im Boden und bilden Humus. Die Matten werden nie eingegraben, bestenfalls untergefächelt.

Quellennachweis:

Regen- und Kompostwürmer
Zuchtfarm Bernd Feinen
5207 Rupp. Winterscheid
Am Hohenstein 10

»Es gibt keinen Unglauben. Wer jemals ein Samenkorn in die Erde gelegt und es hat aufgehen sehen, der glaubt an Gott.« .

ELISABETH YORK CASE

Saatgut für den Grünkrautgarten

Im Zimmergarten benötigen wir einen naturreinen Samen von höchster Keimfähigkeit und natürlicher Widerstandskraft. Der Samen ist gezüchtet auf die kurze Wachstumszeit hin, besonders hoch ausgestattet mit Nahrungsvorrat für die Hydrokultur, die keinen Boden unter den Füßen hat. Draußen im Feld und im Garten liegt der Samen im lockeren, gut durchlüfteten Erdreich. Hier versorgt er sich nicht nur mit dem Nahrungsangebot der Erde, sondern holt sich direkte Sonnenenergie und unverbrauchten Sauerstoff.

Im Zimmergarten wird sehr feuchtwarm angekeimt und dicht gesät. Nur ein speziell gezüchteter Samen kann sich diesem Milieu anpassen. Jeder »schwache« Samen, vor allem nichtkeimende, beginnen zu faulen und es kommt zu Schimmel und Pilzbildung.

Ich empfehle die Saat aus dem Reformhaus, die für Sprossen und Zwölftagekräuter gezüchtet und von mir überprüft worden ist. Samen aus dem Fachhandel sind gegen Ungeziefer mit Chemikalien gebeizt und sind selten naturrein.

Es ist klar, daß jede Chemikalie des Samens in der Feuchtigkeit des Ankeimungsprozesses in den Schößling dringt und sich nicht mehr abbaut.

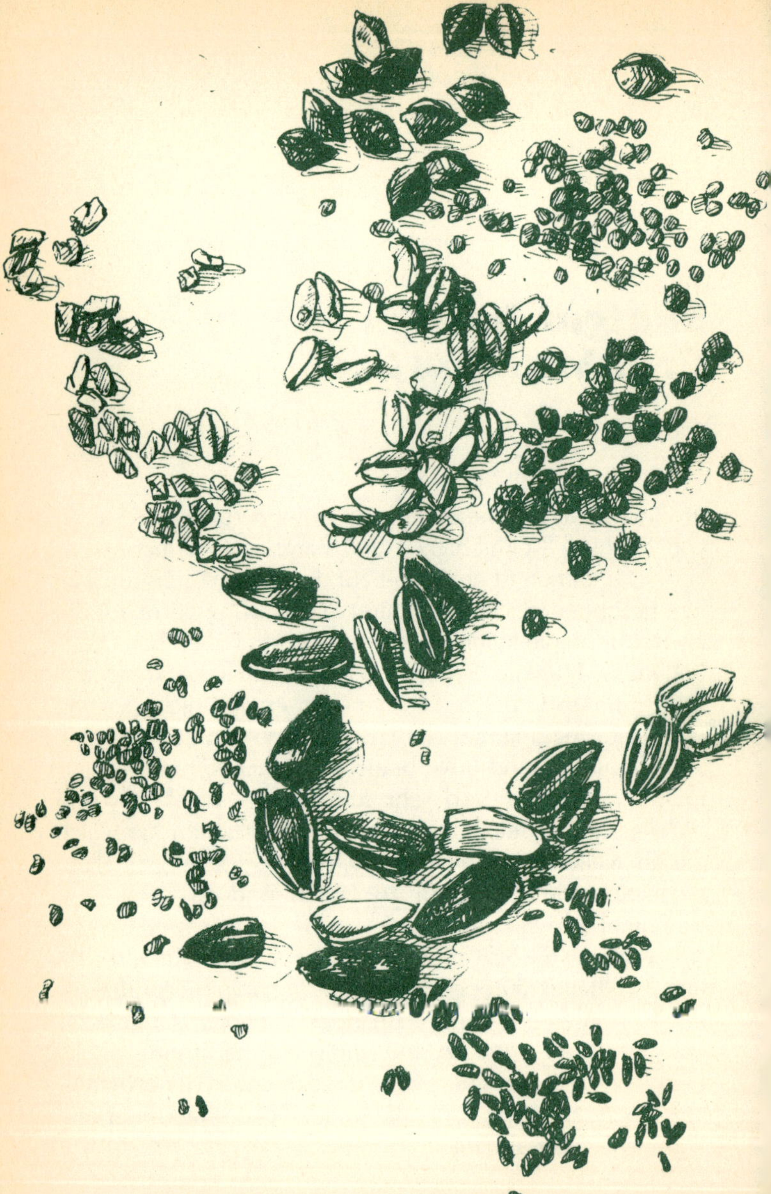

Merke: Wir nehmen weder Getreidekörner (Eßqualität) noch Senfkörner (Würze) noch Sonnenblumenkerne (Vogelfutter) für die Aussaat im Zimmergarten. Sie haben eine ungeprüfte Keimfähigkeit.

Bitte:

Verwahren wir doch Samen die vom Fruchtfleisch umschlossen waren, z. B. aus Gurken, Kürbissen, Tomaten oder Paprika. Sie werden sorgfältig gewaschen und getrocknet. Auf diese Weise lernen wir Saatgut zu würdigen.
Lustig verpackt ist dieser Samen ein originelles Geschenk für einen Gartenfreund. So »verwahren« wir Lebendiges und praktizieren Ökologie »en miniature«.

Quellennachweis:

Samen für das 12-Tage-Kraut
Biokosma
7750 Konstanz
Schließfach 5509
oder im Reformhaus

Der Anbau mit Erde

fertige Pflänzchen
muß nur
noch wachsen
Licht!

dann:
für ca. 3 Tage
mit dunklem
Plastik abdecken
Luftlöcher!

feuchte
Zeitung

eingeweichte
Samen

Torf/Erde-
Mischung

darüber:
Zeitungs-
papier

Plastik
auf den
Boden

Tablett oder
Kistchen
zum Beispiel

Vernachlässige nicht dein eigenes Feld,
um das eines anderen zu jäten ...

CHINA

Die Aussaat der 12-Tage-Kräuter

Zur Anpflanzung eignet sich jedes flache Behältnis, ein altes Backblech, ein Tablett, kleine Holzkistchen vom Gemüsemann, mit genügend Löchern zur Durchlüftung.

1. Die Fläche wird mit durchlöcherter Plastikfolie abgedeckt, darüber kommt eine Schicht Zeitungspapier. Das erspart Säuberungsarbeit und saugt überschüssiges Gießwasser auf.
2. Wir verteilen die Torf-Erde-Mischung (Verhältnis 1 : 1) ca. 4 cm dick gleichmäßig auf dem Zeitungspapier.
3. Wer seine Hände schützen möchte, wird Handschuhe tragen, aber es ist ein wunderbares Gefühl, Erde mit den Händen zu ertasten, Torfstücke zu bröseln und alles gut zu mischen.
4. Mit einem Wäschesprenger wird die Erde gut durchfeuchtet. Vorsicht: Keine Pfützen! Zu nasse Erde ist besonders im Winter ein Starter für Mehltau und Pilz.
5. Die vorgekeimten Samen (s. Beschreibung der einzelnen Samen) werden dicht an dicht auf dem Erdbett verteilt. Nebeneinander, nicht übereinander.

6. Wir wässern Zeitungspapier und legen es glatt über den Samen, damit er feucht bleibt.
7. Wir schieben das Pflanzenbeet in einen undurchsichtigen Plastiksack, leicht verschlossen, damit Luft eintreten und zirkulieren kann, oder wir durchlöchern den Sack.
8. Der Samen entwickelt sich mehr oder weniger schnell, je nach Sorte, im Tütentreibhaus. Umgeben von gleichmäßiger Wärme (ca. 21° C), Feuchtigkeit und Sauerstoff.
9. Nach 3 Tagen holen wir unsere Aussaat heraus. Die kleinen Schößlinge tragen ihre Samenhülsen wie Kappen. Sie können sie nicht abstreifen, da sie nicht mit Erde bedeckt werden.
10. Von nun an werden die Pfanzen täglich ca. 2mal befeuchtet, bis zur Ernte.
    (Im Sommer, wenn die Außentemperatur 21° C übersteigt, müssen wir die Feuchtigkeit besonders beobachten. Das bedeutet Nachfeuchten und gute Sauerstoffzufuhr im Minitreibhaus in den ersten drei Tagen.

Licht – und Wärme

Wir suchen einen Platz mit höchstem Lichteinfall. Die Assimilation des Lichtes verhilft unseren Pflanzen zu Aufbaustoffen. Ein Fensterbrett ist ideal. Die Nähe zum Licht ist entscheidend, wobei eine Ost-, West- oder Südlage gleichermaßen gut ist. Das Pflanzenleben entwickelt sich entsprechend der Helligkeit. Lichtmangel schafft nicht nur faden Geschmack und bleiche Farbe, sondern verhindert auch die nährende Fülle durch die Grünung.
In der kalten Jahreszeit reicht das naturliche Licht nicht aus. Wir helfen elektrisch nach (z. B. mit der Osram-FLUORA-Leuchtstofflampe). An besonders dunklen, grauen Wintertagen beleuchte ich meine Pflanzen bis zu 6 Stunden. Im Sommer, oft auch schon im Frühling, ist es notwendig, die

Pflanzen vor einem Übermaß an Licht zu schützen. Mit dunkler Plastikfolie läßt sich jederzeit ein zu starker Lichteinfall dämmen. Es gibt Spezialfolien, die Lichtstrahlen filtern. Zu guten Lichtverhältnissen gehört gleichmäßige Wärme (18 bis 21° C). Sie ist im Winter, vor allem wenn die Pflanzen am Fenster stehen, schwierig zu halten. Denken wir daran, daß Pflanzen - wie wir - Kälte, Durchzug und vor allem Lieblosigkeit spüren.

Wasserversorgung

Wir brauchen das rechte Maß. Das Wasser transportiert die Nährstoffe in Stengel und Blatt und pumpt sie sozusagen auf. Nur die mit Wasser gefüllte Pflanzenzelle arbeitet. Die aufrechte Gestalt und ihren »inneren Halt« verdankt die Pflanze der Flüssigkeit, mit der sie sich dem Licht entgegenstreckt. Nach der Selbstversorgung mit Feuchtigkeit in der Plastiktüte (durch das angefeuchtete Zeitungspapier) gießen wir unsere Pflanzen täglich ca. zweimal mit zimmerwarmem Wasser. Wie wir aus Liebe zu uns selbst unsere Mahlzeiten regelmäßig einnehmen, sollten wir auch unsere Pflanzen immer zur gleichen Stunde versorgen.

Merke: Die Erde soll stets feucht, doch nie naß sein.

Licht, Temperatur, Feuchtigkeit und Sauerstoff - die richtige Dosierung ist für den Anfänger schwierig. Allzuviel ist ungesund. Die Pflanzen sind von unserer Intuition abhängig. Es gibt keine Regeln, nur wegweisende Anhaltspunkte. Das Geheimnis liegt in unserer Liebe und Aufmerksamkeit.

»Wenn ich einen grünen Zweig im Herzen trage,
wird sich ein Singvogel darauf niederlassen.«

CHINA

Zusammenfassung

1. Der Same wird, je nach Größe, 3 bis 10 Stunden eingeweicht.
2. Das Wasser wird abgegossen und der Same im feuchten Milieu eines Keimgerätes drei Tage vorgezogen. Es kommt zur Bildung von Schimmel (s. Rose-Marie Nöcker: »Körner und Keime«, Heyne-Taschenbuch Nr. 07/4362).
3. Die vorgekeimten Samen werden auf die gut angefeuchtete Erde gelegt.
4. Drei Tage in einem Plastiksack mit Luftlöchern, sorgt feuchtes Zeitungspapier für notwendiges »Naß«.
5. Am Tag nach der Ankeimung wird die Pflanzschale herausgenommen.
6. Durch Licht, Sauerstoff und Wasser gedeiht unser Grünkraut prächtig. Vorsicht, kein Durchzug!
7. Wir ernten nach 10 bis 14 Tagen.

Der Anbau ohne Erde

Wer wenig Zeit hat oder die Erdarbeit zu aufwendig findet, kann das Grünkraut auf Watte, Molton oder Fließpapier wachsen lassen. Meiner Erfahrung nach garantieren diese Anbaumethoden keine gleichmäßige Durchlüftung und keine balancierte Aufnahme von Wasser. Es kommt zur Bil-
Ideal und von mir ausprobiert ist das neue Hydro 12 Gerät der Firma Biokosma. Hier werden die Pflanzen durch einen mit Schlitzchen versehenen Kanal der in der Deckelmitte liegt, gegossen und gespült. Jede Schimmel-/Pilzbildung wird fortgewaschen. Die Wurzeln liegen, wenn sie die Perforierung der Pflanzschale passiert haben im luftumspielten Raum, bevor sie mit den Spitzen ins Wasser tauchen und sich vollsaugen.

Hydrokultur

Der Anbau
ohne Erde

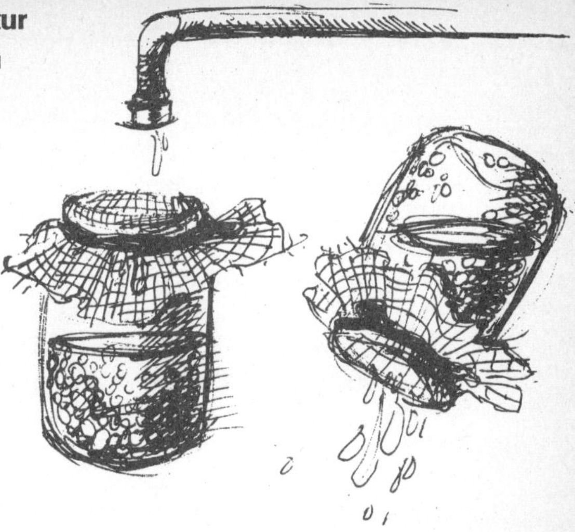

3 Tage
vorkeimen

ca. 3 Tage mit gelöcherter
Plastikfolie oder Deckel abdecken

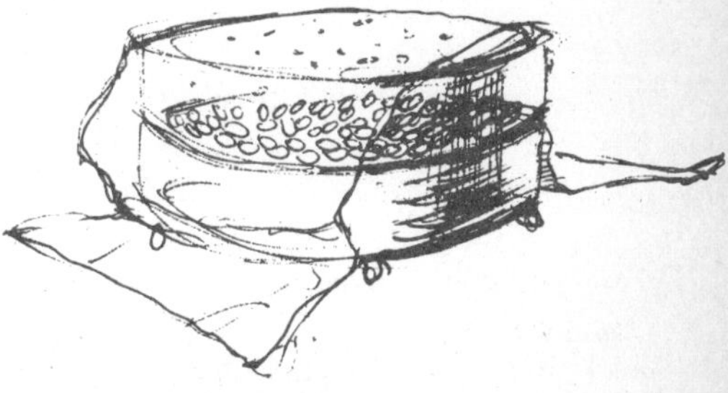

Das neue, gut durchdachte Gerät macht andere Anbaumethoden fragwürdig. Hinzu ist es aus speziellem lichtdurchlässigem, spülmaschinenfestem Acrylglas. Es garantiert die notwendige Sauberkeit, die im Zimmergarten Voraussetzung ist.

Das Hydrogerät besteht aus 3 Teilen:

1. Eine grüne Wasserschale. Die Einfärbung bringt den Wurzeln gedämpftes Licht, wie in der Erde, und verhindert gleichzeitig die Trübung des Wassers.
2. Eine Schale für die Keimlinge mit durchlöchertem Boden.
3. Einen Kuppeldeckel mit einem vertieften Deckelgriff, der gleichzeitig Ansatz und Öffnung ist für die Spülung und Wässerung im Gerät. Der Halbkugeldeckel vervielfältigt durch seine große Oberfläche den Lichteinfall.

In diesem Gerät herrscht ein idealer Sauerstoff- und Feuchtigkeitskreislauf. Wasser verdunstet und kondensiert an der großflächigen Deckelwandung.

Die freie Luftzirkulation im Gerät balanciert Feuchte und Wärme und sorgt für das Abziehen von Umwandlungsstoffen, die bei Keimung und Chlorophyllbildung frei werden.

Wir gehen vor wie im Erdgarten:

1. Die 3 Tage vorgekeimten Samen werden in der durchlöcherten Pflanzschale ausgebreitet. Bitte nicht zu dicht säen, nebeneinander, nicht übereinander.
2. Wir füllen die Wasserschale bis zur Unterkante der Löcher mit Wasser.
3. Wir verschließen das Gerät mit dem Deckel und stellen es an einen guten Platz. Wir schützen unsere Pflanzen vor direkter Sonneneinstrahlung. Erinnern wir uns daran: Pflanzen sind Wesen. (Seite 120 »Körner und Keime«.)
   Jede Veränderung beeinflußt das Pflanzenwachstum. Es ist GUT, das Gerät, den Zimmergarten, immer wieder an den gleichen Platz zu stellen und die Pflanzen beobachtend, sie wieder in die gleiche Lichtposition zu bringen. Neigen doch Stengel und Blatt sich der Helligkeit entgegen.

4. Das heranwachsende Kraut wird 1–2mal täglich, je nach Zimmertemperatur gegossen und gespült.
   Dazu fassen wir das Gerät mit beiden Händen und halten es mit der Öffnung im Deckel unter den vorher geöffneten Wasserhahn. Der Hahn ist nur wenig geöffnet und das Wasser rinnt durch die Seitenlöcher, die in der Vertiefung angebracht sind, brauseartig über die Pflanzen. Das ist eine sanfte Spülung und Berieselung, die ca. ½ Minute andauert. Überschüssiges Wasser fließt durch die Schlitze der Wasserschale ab. Sollte das Wasser in der Wasserschale trübe geworden sein, wird es durch diesen Vorgang ausgetauscht. Durch leichtes Schrägstellen des Gerätes kann der Wasserspiegel im Wassergerät gesenkt werden, und das Wasser wird beim Zurückstellen nicht überschwappen.
5. Je nach Samenart und Temperatur erntet der Grünkrautgärtner nach 8–10 Tagen.
6. Um den besten Nutzen von der Ganzheit des Krautes zu haben, ernten wir das Grün mit der Wurzel. Dazu ziehen wir die Pflanzen behutsam aus der Pflanzschale.
7. Wer die Wurzeln nicht mitessen will – beim Weizengras sind die Wurzeln hart – schneide die Pflanzen mit einem scharfen Messer, gebe die Wurzeln auf den Kompost und reinige das Gefäß mit milder Seife und kochendem Wasser oder in der Spülmaschine.

Wenn auch der Anbau in der Erde der Natur entspricht, so ist doch der Anbau im Hydrogerät sehr zu empfehlen. Zehrt doch der Schößling in den ersten 14 Tagen hauptsächlich aus den Kraftreserven seines Samens, durch Sauerstoff, Licht, Wasser und Wärme. Erst im späteren Pflanzenwachstum nimmt er entscheidendes »Baumaterial« aus dem Boden.

Das Gerät ist den Bedingungen des natürlichen Wachstums nachempfunden. Es ist vor allem ein Genuß für unser Auge: »Tautropfen« perlen vom gewölbtem »Himmel«. Das grünweiße »Glashaus« atmet Natur. Wenn die sattgewachsenen Sonnenblumenschößlinge das Kuppeldach heben, ist jeder Blumenschmuck überflüssig.

*Natur ist nur der Name für eine Wirkung,
deren Ursache Gott ist.*

W. COWER, 1731–1800

Ernte

Wer noch nie Gärtner war, wird dem ersten Erntetag mit besonderer Spannung entgegensehen. Welch ein Reichtum quillt uns entgegen. Der neugewonnene »Frieden« mit der Natur scheint in Gefahr. Die Ernte trennt uns von den liebgewordenen Pflanzen. So ist nun mal der Kreislauf der Natur. Das eine lebt vom anderen.
Wir lösen die jungen Triebe vorsichtig aus dem Boden und essen sie möglichst mit der Wurzel. Außer beim Weizengrün. Es bildet eine mattengleiche Verwurzelung mit holzigem Geschmack.
Um aus unserem Zimmergarten die ganze Kraft zu ziehen, gehören die Wurzeln immer dazu. Die Inhaltsstoffe wirken nur in ihrer Ganzheit. Jede Lagerung beeinträchtigt die Lebendigkeit der Triebe. Die lebenden Substanzen und ihre Ausstrahlung leiden unter jeder Form des Eingreifens. Es gibt Kräfte in Pflanzen, wie z. B. Geruch und Geschmack, die recht subjektive Erfahrungen sind. Wenn wir begreifen, daß wir mit der Natur in einer Lebensgemeinschaft stehen, verhelfen uns ganz besonders die Zwölf-Tage-Kräuter zu tiefgreifenden Einsichten über unsere seit langem verdrängten Abhängigkeiten.

Der intuitive Gärtner:

»Die Einübung des grünen Daumens«

Kulturen überliefern uns seit Jahrtausenden: Pflanzen sind Lebewesen mit Charakter und Seele. Sie empfinden Freude und Schmerz. Bevor Peter Thomkins mit seinem Buch: »Das geheime Leben der Pflanzen« Furore machte, hatten schon viele andere vor ihm über das Pflanzenleben berichtet. Aristoteles z. B. gestand Pflanzen eine Seele zu, doch keine Empfindungen und nach Carl von Linné, dem großen Botaniker des 18. Jahrhunderts, unterscheiden sich Tier, Mensch und Pflanze nur durch ihre Bewegungsfähigkeit.
Doch das waren sehr zaghafte Beobachtungen. Der Wiener Biologe Raoul France erklärt endlich Anfang unseres Jahrhunderts, daß sich Pflanze, Tier und Mensch gleichermaßen frei, leicht und graziös bewegen. Es ist nur eine Frage des Schauens. Wir müssen uns Zeit nehmen, die Pflanzen zu studieren. Wurzeln graben sich forschend ins Erdreich und Schößlinge und Knospen schwingen Kreise.
Der Selbsterhaltungstrieb der Pflanzen zeigt sich in Duft und Schönheit, und ihr Liebesleben entfaltet sich in betörenden, konstruierten Kelchen. Oder, so sagt der Biologe France: Pflanzen scheinen zu ahnen, welche Ameisen allein des Nektars bedürfen und sie verschließen ihre Blütenkelche. Nichts ist Zufall. Andere Blüten sind unauffällig und schlicht. Der Wind ist ihr Bräutigam.
Das alles läßt sich nachvollziehen, doch haben nun Pflanzen Gefühle?
Vor einigen Jahren wurden durch die Medien die Wunder-

gärten von Findhorn bekannt. Oben im unfruchtbaren Schottland hatte vor 20 Jahren das Ehepaar Caddy aus Not auf kargem Schotter begonnen, ein Stück Land fruchtbar zu machen.

Heute ist die ehemals unwirtliche Erde verzaubert. Aus dem Reich der stürmischen Winde wurde ein magischer Lebensplatz für viele junge Menschen, die am Wunder von Findhorn teilnehmen und die geistige Verbindung mit Pflanzen suchen. Es klingt wie im Märchen. Die Presse berichtet von riesigen Früchten, 40 Pfund der Kohlkopf und 2 Meter hoch der Rittersporn.

Die Caddys und ihre Anhänger arbeiten nicht mit Kunstdünger oder speziellem Fachwissen. Sie erwarben die Gabe, mit Pflanzen zu fühlen und machten dadurch das Unfaßbare möglich.

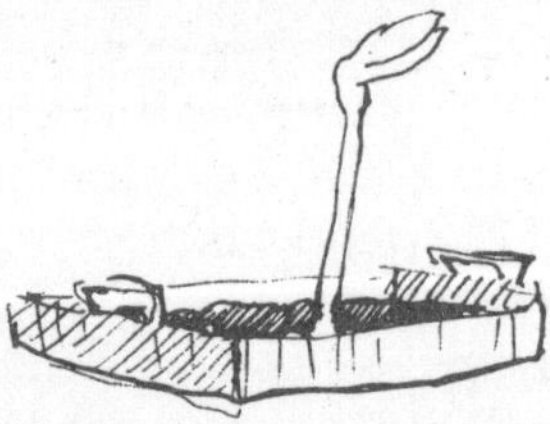

Es scheint Plätze auf der Erde zu geben, an denen feinste Kräfte mächtig wirken und Menschen beeinflussen, die solcher Dialoge fähig sind.

Einer der ältesten Bewohner, der Gärtner Allan D. Barton sagt: »Die Menschheit kann sich nur dann weiterentwickeln, wenn sie einen Weg findet und mit den Kräften in Verbindung tritt, die hinter allen Dingen wirken und von denen wir umgeben sind. Es sind die geistigen Kräfte.« Und weiter sagt er: »Der einfachste Weg, mit diesen Kräften in Verbindung

zu treten ist, sie zu lieben. Unsere Zuneigung wird von Pflanzen wahrgenommen und gespeichert. Wie wir dafür empfänglich werden, was von ihnen wirklich ausgeht.« Und darüber hinaus läßt uns Barton wissen:
»Es ist das größte Glück für Pflanzen, wenn sie an Leben und Fortentwicklung des Menschen beteiligt sind.«

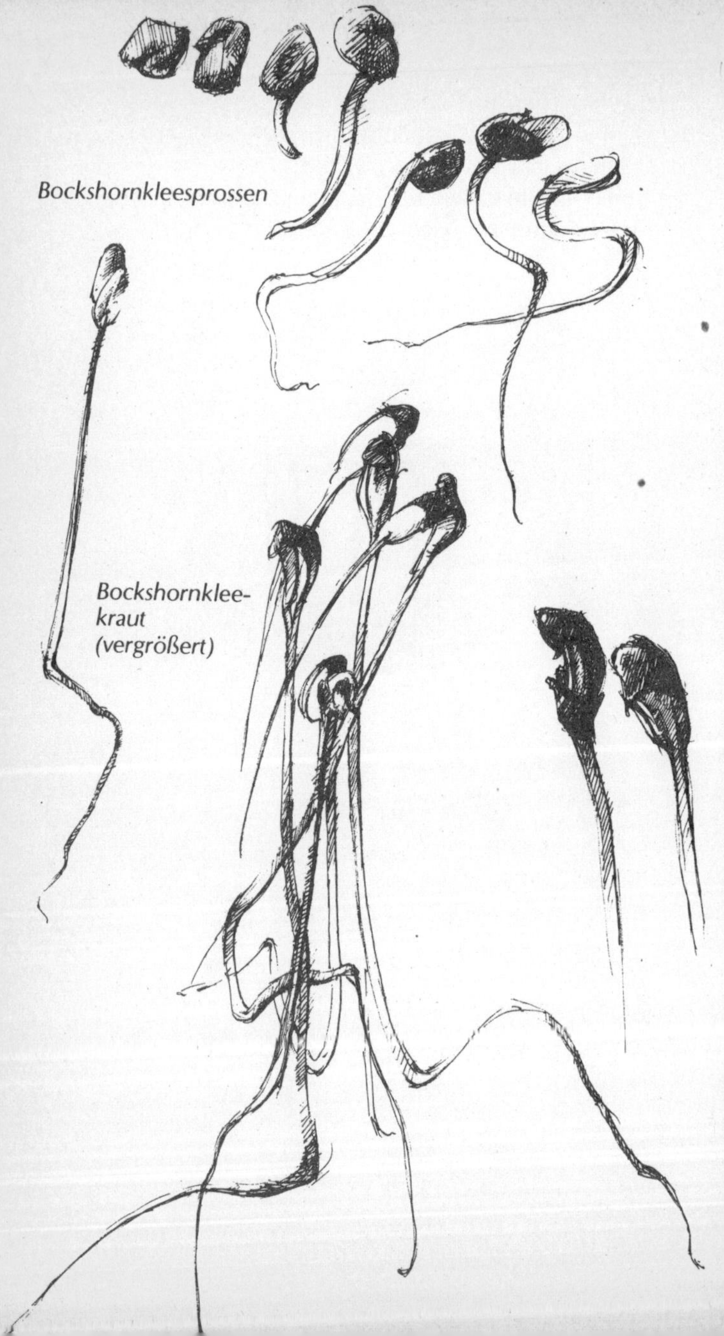
Bockshornkleesprossen
Bockshornklee-
kraut
(vergrößert)

Die verschiedenen Samen fürs Grünkraut

Der Bockshornklee

Bockshornklee: *Trigonella foenum-graecum*
Volksmund: Kuhhornklee, Fenugräk, griechisches Heu

Welch ein Geruch! Der flache, rautenförmige Samen dieses Hülsenfrüchtlers verströmt ein starkes Aroma. Sein lateinischer Name bestätigt die mediterrane Herkunft: Griechisches Heu. Seine Heimat ist Asien und in Ägypten galt er als Heilpflanze.
Die Gestalt erinnert an Klee. Die Blüten sind gelblich weiß. Ausgewachsen haben die Früchte säbelförmige Schoten und sind ca. 10 cm lang.
In Mittelmeerraum und Zentralasien wächst der Bockshornklee auch heute noch wild, und nördlich der Alpen wird er vereinzelt als Futterpflanze angebaut. Karl der Große (768 bis 814 n. Chr.) befahl den Anbau der Heilpflanze in Wirtschafts- und Klostergärten.

Die Heilwirkung des Samens:

1. Gemahlener Samen wird mit kaltem, abgekochtem Wasser zu einer Paste verrührt und auf ein Tuch gestrichen. Auf die Haut gelegt, heilt diese Furunkel, Drüsenschwellungen und Nagelbettvereiterungen.
2. In kleinen Mengen eingenommen verstärkt Bockshornkleepulver die Darmarbeit und die Peristaltik.

3. Neuerdings wird die altbekannte Heilwirkung von Bockshornkleepulver bei Diabetes wissenschaftlich bestätigt.
4. Bockshornklee-Tee/Zubereitung: In einem viertel Liter Wasser 2 TL Samenpulver aufkochen und 10 Minuten ziehen lassen. Kleine Schlückchen lindern chronischen Husten und gelten als Aphrodisiakum.

Inhaltsstoffe des Samens

27% Eiweiß
6% Öl
Schleimstoffe, Aromastoffe (Bitterstoffe)
Eisen, Phosphor, Cholin, Saponin, Trigonelin, Nikotinsäureamid
Enzyme, Hormone

Vom Samen zum Bockshornkleegrün

Anbaumethode: in Erde oder im Hydrogerät
Einweichzeit: 9 Stunden. Bitte viel Einweichwasser nehmen. Der Samen quillt sehr auf.
Temperatur: ca. 21 Grad
Wässern (Besprenkeln): 2–3mal täglich
Ernte: nach ca. 10 Tagen
Länge des Schößlings: 3–4 cm
Ertrag: 2 EL Samen im Hydrogerät (20 cm ∅) ergeben 2 Tassen Grün

Ratschläge für den Bockshornkleegärtner

Im Hydrobehälter schießen die Wurzeln erst einmal in die Höhe. Warum? Es ist auch mir ein Rätsel. Darum ist es besonders wichtig, den Bockshornklee in einem feuchten Umraum gedeihen zu lassen, bis die zarten Wurzeln sich selbst aus dem Wasser der Schale versorgen können. Nach dem 5.–6. Tag nehmen die Wurzeln ihre Wendung nach unten

und wachsen besonders schnell. Das Bitterkraut wächst problemlos. Bei der Ernte tragen die grünen Blättchen ihre gelben Samenhülsen auf dem Kopf.
Und: Immer tief einatmen aus Freude am würzigen Aroma!

Bockshornklee in der Küche

In Indien ist der aromatische gelb-braune Samen Teil der Currywürze. Doch wir entdecken das zunächst so befremdlich bittere Grünkraut (s.: »Was macht das Kraut so bitter« S. 85).
Es verschlägt uns den Atem. Sein »heißer« Geschmack kühlt im Sommer und feuert im Winter an. Der exotische Geruch dieser Pflanze macht Appetit.
In Indien wird das zu Kraut geschossene Grün blanchiert und als Gemüse gegessen. Das Jungkraut ist die frechste Zutat aus dem Kräutergarten. Es erfreut den Lukull der neuen Zeit und stabilisiert Magen und Darm.
Streuen wir die Würze behutsam und wohldosiert in orientalische Gemüseeintöpfe oder Getreidemahlzeiten, Omeletts und Salate. Ein Obstsalat mit gezupften Bockshornkleeblättchen und, zur Feier des Tages, ein Bällchen Fruchteis! Der feine Geschmack wird uns zum Freund. Der Schleier fällt – eine Verführung aus »Tausendundeiner Nacht«.
Wie heißt es so schön: »Laß Dich nicht ins Bockshorn jagen.« Herbheit, Bitterkeit und Schärfe werden zum süßen Vergnügen. »Wenn Du noch nie Bockshornklee gegessen hast, darfst Du Dir etwas wünschen.«

Buchweizensamen
Buchweizenkraut

Der Buchweizen

Buchweizen: *Fagopyrum esculentum*
Volksmund: Heidekorn und Heiden

Im 15. Jahrhundert kam der Buchweizen mit den Tataren von Mittelasien zu uns. Er gehört zur Familie der Knöteriche. Sein Fruchtstand trägt keine Ähren, hat aber lockere, traubenartige Rispen. Der Samen ist dreikantig wie die Buchecker. Der Buchweizen hat durch seinen hohen Lysinanteil (Eiweißanteil) eine große Bedeutung in der Körnerküche, weil er Getreide vorzüglich ergänzt. Vor allem in kalten Ländern ist er heimisch.

Inhaltsstoffe

12% Protein
2,7% Fett
Hoher Lysinanteil, fast doppelt soviel wie andere Getreide, Rutin, Vitamine B_1, B_2, B_3 und E
Phosphor, Kalium, Calcium, Kupfer, Magnesium, Eisen, Fluor, Natrium
Enzyme, Hormone

Heilwirkung des Buchweizenkrauts

Durch schlechte Ernährung wird die Elastizität unserer Blutgefäße strapaziert. Jeder, der schon früh einer Arteriosklerose oder einer erblich bedingten Venenschwäche vorbeugen möchte, sollte täglich vom Rutin des Buchweizengrüns profitieren. Wissenschaftliche Untersuchungen der Firma Fink (bekannt durch die Buchweizenprodukte Fagorutin) bestätigen den hohen Rutingehalt des Buchweizengrüns und bescheinigen: Buchweizengrün ist Medizin ohne toxische Nebenwirkung. Es ist interessant, daß kaum ein Heilkundebuch über dieses überaus wichtige Kraut bisher Auskunft gegeben hat.

Zusammenfassung

Buchweizengrün wirkt als Gefäßtonikum bei Veranlagung zu Arterienverkalkung und Bindegewebsschwäche sowie zur Vorbeugung gegen Operationsblutungen.

Vom Samen zum Buchweizengrün

Anbaumethode: in Erde oder als Hydrokultur
Einweichen: 8 Stunden bei ca. 30 Grad
Vorkeimen: ca. 3 Tage bei ca. 30 Grad
Temperatur: ca. 21 Grad
Wässern (Besprenkeln): mindestens 2mal täglich
Ernte: nach ca. 14 Tagen
Länge des Schößlings: ca. 8 cm
Ertrag: bei einem Tablett von 33×20 cm ergibt eine Tasse Samen 4 Tassen Kraut
Beim Hydrogerät (20 cm ∅) ergeben 3 EL ½ bis 2 Tassen grünes Kraut.

Nachrichten für den Buchweizengärtner

Buchweizenkerne haben eine sehr harte Samenhülse. Sie sind nicht leicht zu knacken. Eine gleichmäßige Wärme (ca. 30° C) für Einweichen und Vorkeimen muß deshalb garantiert werden. Oft dauert es lange, bis alle Pflänzchen sich entwickelt haben. Ich würde es als ein Nacheinanderwachsen bezeichnen. Wir können diese ungleichmäßige Auskeimung zu 2 verschiedenen Ernten nutzen.
Nach ca. 14 Tagen steht er da, der zarte Buchweizen, auf durchsichtigen rosa Stielen und runden, noch gefälteten Blättchen.

Wichtiger Tip:

Der Buchweizen muß oft nachgefeuchtet werden, auch im Hydrogerät. Es ist sinnvoll, bei der Anpflanzung auf dem Ta-

blett mit Erde die zarten Pflänzchen in der ersten Woche mit dünner Frischhaltefolie abzudecken. Für die Hydrokultur muß üppig ausgesät werden.
Die kantigen Samenschalen hocken oft noch auf den grünen Blättchen und werden vor der Ernte abgeknipst.

Buchweizenkraut in der Küche

Essen wir täglich zur Vorbeugung das köstliche Grün. Sein Geschmack ist mild und zart und erinnert an Bucheckern. Er verträgt sich mit vielen Salaten und Gemüsen. Buchweizengrün ist in sich ein vollendeter Salat und ein Fest für den Gaumen, besonders mit Nußöl.
Der Rutingehalt des Krauts steigert sich proportional zur Größe des Blattes. Wer die Schößlinge 3–4 Wochen in Erde wachsen läßt, kann sie auspressen – ein heilsames Liquid.

Die Kresse

Kresse: *Lepidium sativum*
Volksmund: Bitterkraut, Kersche

Kein Kraut wächst schneller als die Kresse. Seit dem Mittelalter ist sie in Europa bekannt. Ihr Samen galt im Orient als Heilmittel gegen Kopfschmerzen, Entzündung im Mundraum und gegen die Reichenkrankheit, die Gicht. Fürwahr

Kressesamen

Kressekraut

ein Heiler. Hippokrates erwähnt ihn 400 v. Chr. als Jungbrunnen. Das Senföl und die Bittermittel im Samen geben die anregende Wirkung weiter in die zarten Blättchen. Kresse belebt und erfrischt.
Die ausgewachsene Kressepflanze wird ca. 50 cm hoch und die Blätter sind lappig, die Blüten weiß bis rötlich.
Die schnelle Kresse ist im Frühjahr das erste eßbare Grün. Sie sollte das ganze Jahr als Würze auf unserem Tisch stehen. Sie ist einfach zu züchten. Als Geschmacksbereicherung und zur Anregung des Stoffwechsels sollte sie nie fehlen.
Wir ernten die auf den Stielen stehenden Blättchen der Kresse nach 10 Tagen und können nach dem ersten Beschneiden mit der Schere ein zweites Mal ernten.

Die Heilwirkung der Kresse

Verbesserung des Stoffwechsels. Kresse regt die Nieren an und wirkt gegen rheumatische Beschwerden und die Gicht.

Inhaltsstoffe

Bis zu 60% Senföle (ätherische Öle und Bitterstoffe)
Vitamin A, B, B_2, reichlich Vitamin C und D
Kalium, Calcium, Phosphor, Eisen und Jod
Enzyme, Hormone

Vom Samen zum Grünkraut

Keimmethode: in Erde oder im Hydrogerät
Einweichzeit: ca. 6 Stunden
Temperatur: ca. 21 Grad
Wässern (Besprenkeln): 2mal täglich
Ernte: nach ca. 8 Tagen
Höhe des Pflänzchens: ca. 4 cm
Ertrag: aus 2 EL Kressesamen wachsen im Hydrogerät (20 cm ∅) 1½ Tassen Grünkraut

Ratschläge für den Kressegärtner

Die Saat der Kresse quillt sehr stark auf und muß in reichlich Wasser eingeweicht werden. Sie bildet einen Schleim und wird *ohne Vorkeimung* sozusagen auf die Erde aufgestrichen. Wenn wir die Kresse im Hydrogerät wachsen lassen, ist es praktisch, damit die Löcher der Schale nicht verstopfen, das Gefäß vor der Aussaat mit 2 Lagen ungefärbtem Seidenpapier auszulegen.
Die Keimblättchen nehmen die Samenhütchen wie eine Kappe mit nach oben. Sie können durchaus mitgegessen werden.

Kresse in der Küche

Im Buch der 12-Tage-Kräuter ist die Kresse ein alter Freund – wer kennt sie nicht? Ob im Frühjahrsquark, als winterliche Garnitur oder als Frischmacher für Sandwiches.
In jedem Kaufhaus steht sie in Pappschälchen das ganze Jahr über, leider oft schon angewelkt und im Vergleich zur selbstgezüchteten Kresse arm im Geschmack. Jeder, der das 12-Tage-Kraut prüfen möchte, stelle diesen Vergleich an: Gekauftes gegen Selbstgezüchtetes.
Ich entdecke die Kresse gerade wieder neu: Als Würze in Getreidegerichten, besonders in der Hirse – da hab' ich einen Bock drauf! Kresse ist füllende Basis meiner Salatsaucen. Ihre scharfe Schärfe ist angenehm pikant und paßt sich fast allen Gerichten an. Ein Traum ist sie in Kartoffelschaum mit geriebenem alten Holländer und einer Tasse Linsensprossen.

Die Luzerne

Luzerne: *Medicago sativa/Alfalfa*
Volksmund: Schneckenklee

Der blauviolette Schmetterlingsblütler, seit altersher Futterpflanze, ist seit Jahren die Wundersprosse in den USA, der Geheimtip der Vegetarier.
In dem winzigen Samen sitzt eine weithergeholte Kraft! Die Wurzeln der Pflanze bohren sich bis zu 20 Meter (!) in den Boden, auf der Suche nach Mineralien und Spurenelementen.
Alfalfa kommt aus dem Arabischen und heißt »gutes Futter«. Die Schnelligkeit der ausdauernden Araberhengste wird auf das Kraftfutter »Luzerne« zurückgeführt, und nun wissen's alle: Auf »Luzerne« kann man »setzen«.
Wir sind vor allem an ihrem hohen Chlorophyllgehalt interessiert und werden das zarte Pflänzchen noch genauer kennenlernen. Ja, es ändert seinen Geschmack auch durch die starke Grünung der Blättchen, die in der Sprossenzucht sehr hell ausfällt.

Heilwert der Luzerne

Die wissenschaftlichen Studien von Frank Bower haben das »Pferdefutter« in die Küche gebracht. Die Blättchen enthalten acht essentielle Enzyme und das seltene Vitamin U.
Labortests haben gezeigt, daß die Luzerne im Durchschnitt 150% mehr Protein enthält als Weizen und andere Körner.
Erinnern wir uns der unglaublichen Nachricht: Eine halbe Tasse Luzernensprossen enthalten den gleichen Vitamin-C-Gehalt wie 6 Gläser Orangensaft!
Aber nicht genug, in der Luzerne sind alle Vitamine, die der Mensch zu seiner Gesundheit braucht, versammelt. Auch der Ernährungswissenschaftler Dr. Lloyd Rosenvold, Montrose, Colorado, hält die kleine Wunderpflanze für den be-

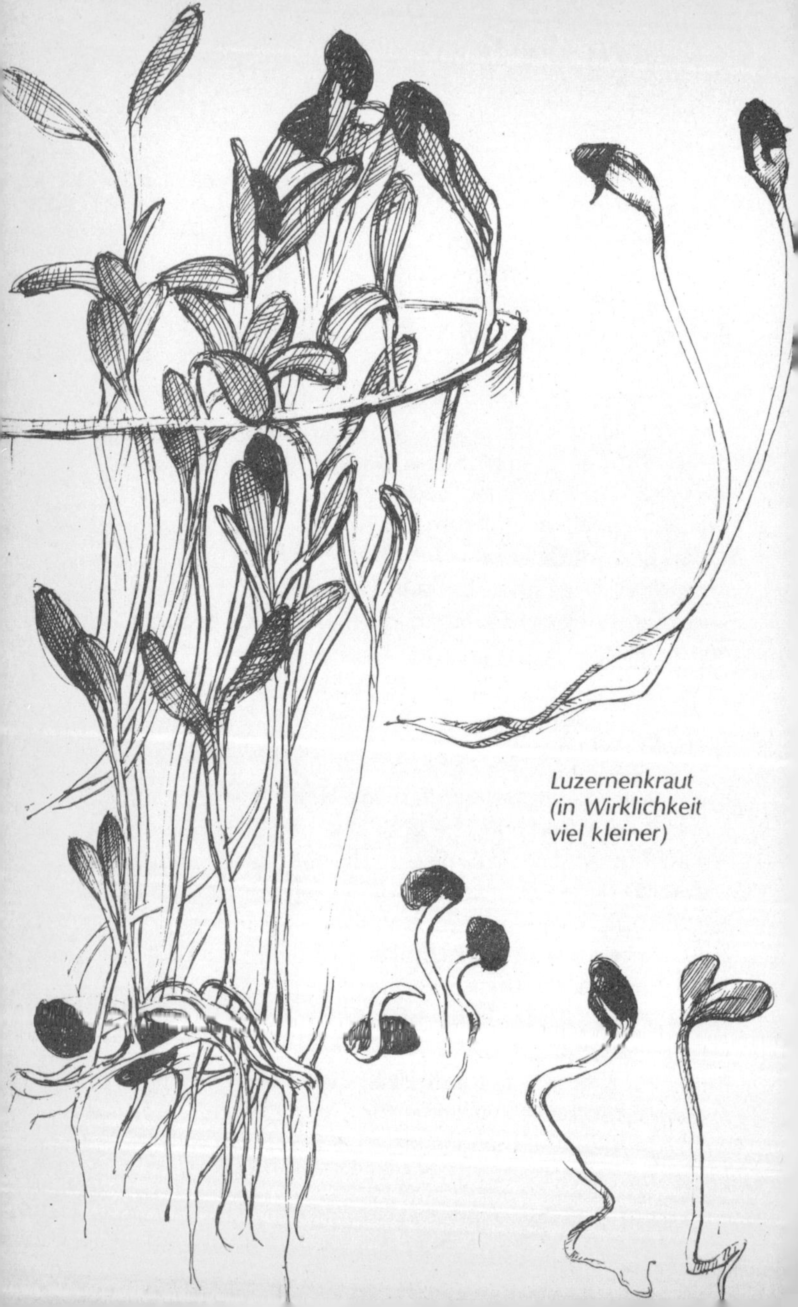

Luzernenkraut
(in Wirklichkeit
viel kleiner)

sten Lieferanten der Vitamine A und C. Luzernegrün klärt den Atem und belebt unseren Mundraum mit einem frischen Geschmack. Ihre Wirkung auf den Magen und Darm ist stärkend. Sie aktiviert die Peristaltik und regt sogar den Appetit an. Jeder, der sich seine gesunden Zähne erhalten will, sagt Dr. Sherman Davis von der Universität Indiana, esse täglich Luzerne. In Amerika werden Tees und Vitamine auf der Basis von Luzernen hergestellt. Luzernengrün hat hochdosiert all die aufsehenerregenden Heileffekte, die im Kapitel »Chlorophyll« zu finden sind. Hervorstechend ist die Anzahl der Enzyme, die gerade älteren Menschen fehlen. Schon kleine Quantitäten Frischgrün regeln den Stoffwechsel.

Inhaltsstoffe

Aminosäuren mit allen essentiellen Fettsäuren
Vitamine: C, D, E, K, U, B_1, B_2, B_3, B_{12}
Phosphor, Calcium, Aluminium, Silizium, Schwefel, Magnesium, Soda, Kobalt
alle 8 essentiellen Enzyme (die bis jetzt entdeckt sind), Hormone

Vom Samen zum Luzernengrün

Anbaumethode: auf Erde oder im Hydrogerät
Einweichzeit: ca. 6 Stunden
Temperatur: ca. 21 Grad
Wässern (Besprenkeln): 2–3mal täglich
Ernte: nach ca. 10 Tagen
Höhe des Schößlings: 5–6 cm
Ertrag: 3 EL Luzernensamen auf einem Teller (20 cm ∅) oder im Hydrogerät ergibt 2 Tassen Luzernengrün
1 Tablett 33 × 20 cm, mit einer guten halben Tasse Luzernensamen ergibt 5 Tassen Luzernengrün

Ratschläge für den Luzernengärtner

Es ist ratsam, Luzernen in kleinen Portionen zu züchten. Wenn ich sie auf einem Tablett anpflanze, sorge ich für gute Durchlüftung und säe nicht zu dicht ein. Die Saat läßt sich besonders gut kontrollieren, wenn ein oder zwei Furchen gezogen werden, die frei bleiben, damit die aufgehende Saat sich besser mit Luft versorgen kann. Die Luzerne wächst meinen Beobachtungen nach im Winter nicht gut in Erde.
Im Gegensatz zur Luzernensprosse steht der Luzernenschößling auf kerzengeradem Stengel und spreizt seine kleinen dunkelgrünen Blättchen ins Licht. Es ist eine Wonne, vor der Ernte den Luzernen »das Fell« zu streicheln.

Die Küche des Luzernengrüns

Die Luzerne begleitet uns vom morgendlichen Müsli bis zum Abend. Nahezu jedes Gericht kann mit den sanften Luzernen »grüner« werden. Ich empfehle sie nicht nur als Würze, sondern besonders wegen ihres therapeutischen Stellenwertes als Salat und als Saft.

Heilender Saft

2 Möhren
2 Äpfel
1 Tasse Luzernengrün

Möhren und Äpfel auspressen und den Saft mit dem Luzernengrün in einen Mixer geben. Die durchquirlte Masse ist dickflüssig und wird wie eine Suppe gegessen. Keine Frage, dies ist ein Heiler, besonders für Magen und Darm.

Der Rettich

Rettich: *Raphanus sativus*
Volksmund: Bierwurz, Radi

Im Pharaonenreich 2000 v. Chr., so zeigen es altägyptische Wandreliefs, wurde schon Rettich angebaut. Herodot, der römische Geschichtsschreiber, berichtet, daß die an den Pyramiden bauenden Arbeiter zur Stärkung Knoblauch und Rettich aßen. Aus dieser Zeit stammt auch die Aussage über die verschiedenen Geschmäcker des Rettichs, die an den Blättern auszumachen sind. »Das rauhe Blatt birgt den herben Geschmack, das glatte den weicheren.«
Die weiße Rettichwurzel wird mit Salz gegessen, und Plinius berichtet, daß die grünen Blätter der Wurzel den Armen vorbehalten waren.
Im Tempel zu Delphi wurde Apoll ein goldener Rettich dargebracht, eine Salatrübe aus Silber und eine Speiserübe aus Blei.
Der Rettich muß eine besondere Wirkung haben. Er begegnet uns bei sakralen Handlungen und gehört darüber hinaus zur Eßkultur in Orient und Okzident. Verwechseln wir den Rettich nicht mit der Neuzüchtung des Krens. Die alte Form des *Raphanus sativus* ist das hier besprochene vorchristliche Gemüse.
Tun wir es den Armen gleich und essen das scharfe Grün. Es

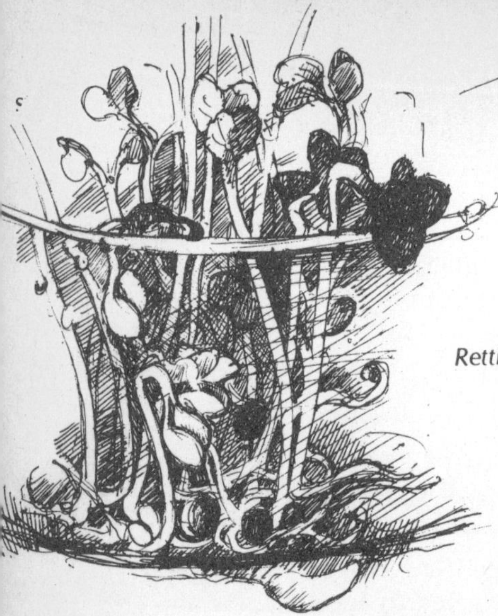

Rettichkraut

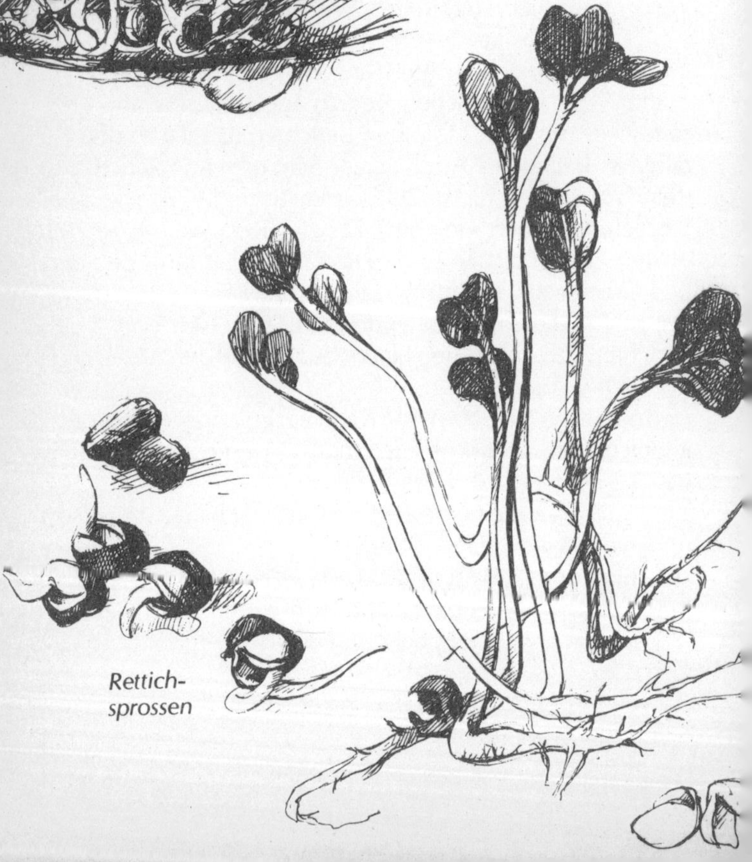

Rettich-
sprossen

ist eine unvergleichliche Würze, erquickend scharf. Der Geschmack gleicht der weißen Erdwurzel.

Inhaltsstoffe des Samens

37 % Öl, schwefelhaltiges ätherisches Öl
hohe Anteile von Senföl und Bitterstoffen
hoher Vitamin-C-Gehalt
Kalium, Natrium, Eisen, Magnesium
Raphanol
Enzyme, Hormone

Vom Samen zum Grünkraut

Keimmethode: auf Erde oder im Hydrogerät
Einweichzeit: ca. 10 Stunden
Temperatur: ca. 21 Grad
Wässern (Besprenkeln): 2–3mal täglich
Ernte: nach ca. 12 Tagen
Höhe des Pflänzchens: ca. 4 cm
Ertrag: Auf einem Teller mit 20 cm Ø oder im Hydrogerät ergeben 3 EL Rettichsamen 1½ Tassen Rettichgrün.

Nachrichten für den Rettichgärtner

Der Rettichsamen braucht im allgemeinen bis zu 4 Tage zur Auskeimung. Einige Samenkörner lassen sich sogar noch mehr Zeit.
In dieser Vorkeimzeit muß er im Sprossengerät mehr als jeder andere Samen durchgewaschen werden.
Seine Stengel und Blättchen sind lila-rosa bis grün. Je nach Sorte ist sein Geschmack milder oder schärfer.

Heilwirkung

Bei einer Verschleimung der Nebenhöhlen und Atemstokkungen bringt Rettichgrün Linderung. Durch längere Behandlung wird der Schleim abgebaut. Der Körper reinigt sich. Rettichgrün wirkt galletreibend und heilend bei Blasenentzündungen.

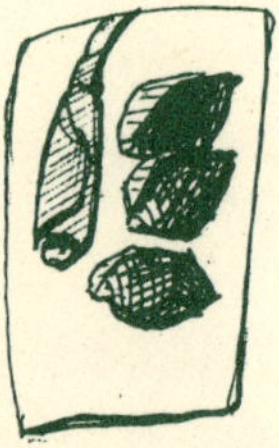

Rettich in der Küche

Der Rettich ist sehr intensiv. Gewöhnen wir uns an seinen Geschmack! Er ist eine pikante Würze und wird nur zusammen mit anderen Speisen genossen. Im Winter wird er zur besseren Verdauung unter mächtige Eintöpfe gemischt und macht das Essen bekömmlicher. Rettichgrün entwickelt seine Schärfe besonders, wenn es sich an »Süßem« mißt. Er wirkt verführerisch, wenn wir in der Küche phantastische

Gerichte entwerfen wollen. Ob Salatsaucen mit herbem Weißwein, Honig und Nußöl, Obstsalate, sanfte weiße Saucen und Suppen – Rettichgrün macht schöpferisch.

Merke:

Die Bitterstoffe im Kraut regen die Darmsekretion an und helfen sogar bei akuter und chronischer Gastritis. Doch dosieren wir das Kraut über längere Zeit wie eine Medizin in kleinen Mengen.

Der Senf

Senf: *Sinapis*
Volksmund: Mostersad, Mostrich oder Gartensenf

Im Neuen Testament heißt es:
»Das Himmelreich ist gleich einem Senfkorn, das ein Mensch nahm und säte es auf seinem Acker, welches ist das kleinste unter allen Samen; wenn es aber gewachsen ist, so ist es größer als alle Sträucher und wird ein Baum, daß die Vögel unter dem Himmel kommen und wohnen in seinen Zweigen.«

Seit Jahrtausenden verfeinert Senfwürze die Speisen. Griechen und Römern war sie beliebtes Heilmittel. Ein Sprung in unser Jahrhundert: Seit 1937 überwacht der französische Staat den Anbau und die Herstellung des Senfes aus Dijon, um seine erstklassige Qualität zu garantieren.
Der köstliche »Moutarde de Dijon« wächst aus der Sorte *Sinapis alba*, im Gegensatz zum schwarzen Senf *Sinapis nigra*. Der weiße Senf sprießt auch heute noch wild in Kornfeldern. Vorzugsweise in Äthiopien und Süditalien wird der Senf angebaut, mit dem wir seine Schößlinge züchten.

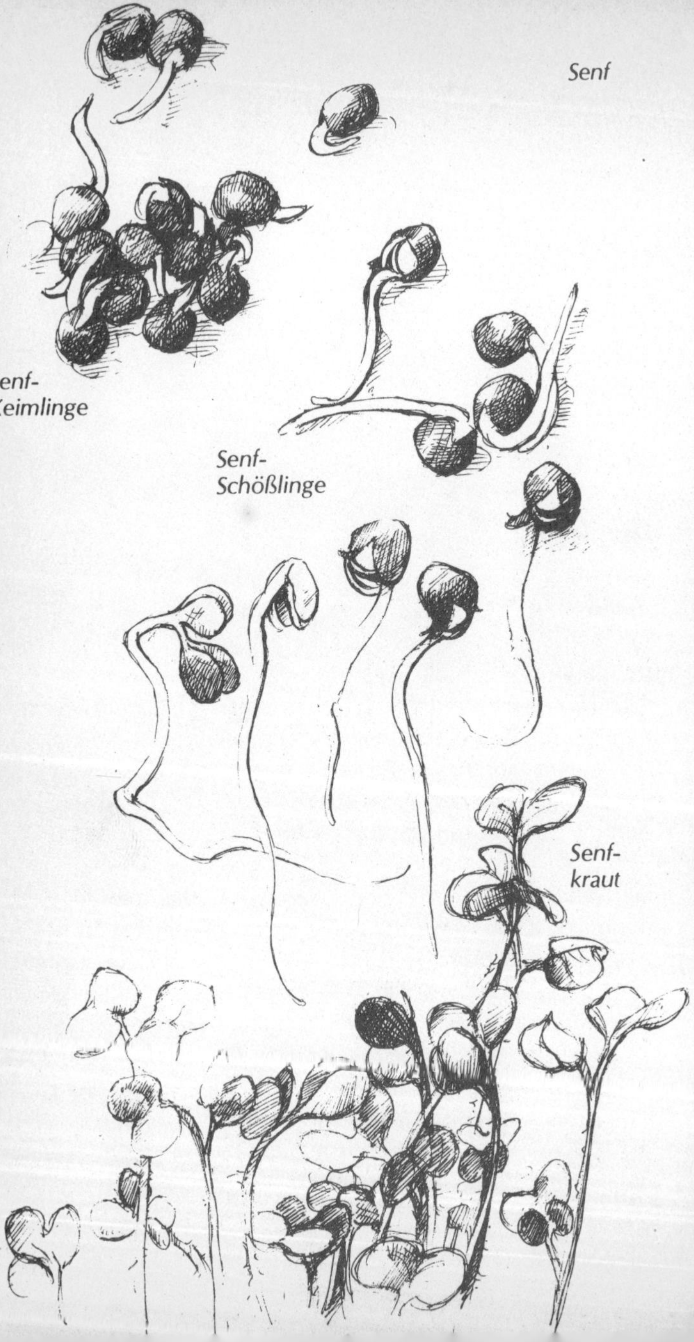
Senf
Senf-
Keimlinge
Senf-
Schößlinge
Senf-
kraut

Inhaltsstoffe

30% Fett
Senföl, Bitterstoffe
Eiweiß
Schleim
Traubenzucker
Vitamin C, A, B_1, B_2
Schwefel, Phosphor, Kalium, Eisen
Enzyme, Hormone

Vom Samen zum Senfkraut

Keimmethode: in Erde oder im Hydrogerät
Einweichzeit: 6 Stunden
Temperatur: ca. 21 Grad
Wässern (Besprenkeln): 2mal täglich
Ernte: nach ca. 10 Tagen
Länge des Schößlings: ca. 5 cm
Ertrag: Auf einem Teller (20 cm ∅) oder im Hydrogerät brauchen wir 3 EL Senfsamen und ernten 1 Tasse Grün.

Ratschläge für den Senfgrüngärtner

Senfkörner sprießen ganz problemlos, und nach 3–5 Tagen sind ihre Wurzeln soweit, daß sie sich im Hydrogerät mit Wasser versorgen können.
Schon am 4. bis 5. Tag entfalten sie kleine Blättchen, die schnell zum fertigen Schößling wachsen.

Heilwirkung

Senfgrün heilt Darmkrankheiten und regeneriert die Darmflora, besonders nach dem Gebrauch von Antibiotika. Senfgrün wirkt verdauungsanregend und belebt den Speichelfluß. Ideal mischt sich Senfgrün in Gemüsesäfte bei Entschlackungskuren. In Kräuterbüchern wird die Wirkung des Senfgrüns mit Wasserkresse verglichen, die eine entwässernde Wirkung hat und reich an Vitamin C ist.

Anwendung von Senfsamen

Senfkörner sind ein altes, beliebtes Heilmittel. Haben wir Körner im Haus, können wir sie bei Muskelschmerzen, Verrenkungen und Rheuma zu einem sog. Senfpflaster verwenden.
Und so wird es gemacht:
100 g pulverisierter Senf werden mit abgekochtem Wasser zu einem Brei verrührt (Senfkörner im Mörser kleinstoßen oder in einer Getreidemühle auf feinster Stufe mahlen). Diese Paste wird auf Leinentuch gestrichen und mit der Pastenseite ein bis zwei Minuten auf die zu heilenden Stellen gelegt. Bei sehr empfindlicher Haut wird die Leinwand nach unten gewendet.
Innerlich eingenommen können Senfpulver oder -körner bei allen Magen- und Darmerkrankungen helfen. In diesen Fällen wird der Senfsamen, mit einem Minimum beginnend, steigernd eingenommen und dann wieder im gleichen Verhältnis abgebaut.
Nach neuesten Forschungsberichten gilt Senf im Kräuterbereich als eines der bekömmlichsten und hilfreichsten Gewürze.

Senfgrün in der Küche

Es gehört in Salate, Saucen und Säfte, in denen sich die ätherischen Öle entfalten. Im Winter, wenn das Marktangebot der Kräuter klein ist, läßt der scharfe Geschmack des Krauts unsere Speisen erblühen und klärt den heizungsmüden »Zimmerkopf«.

Ein Saftvorschlag:

1 Teil Möhre
1 Teil Sellerie
1 Teil Spinat
1 Teil Senfgrün

Das macht uns munter und verscheucht jeden Anflug von Erkältung.

Eine Herausforderung:

Senfgrün zum Rheinischen Kartoffelsalat! Keine Frage, durch Senfgrün können wir in Saucen auf Essig und Pfeffer verzichten.
Die Senfblättchen sind »grüne Magie«, und wer würde da noch an eingemachte grüne Pfefferkörner denken, oder an die berühmte Senfwürze aus dem Gläschen?
Die Blättchen können mild schmecken oder feurig erblühen. Es liegt an unserer Gabe des Kombinierens.

Sonnenblumenkraut

Die Sonnenblume

Sonnenblume: *Helianthus annus*
Volksmund: Goldblume, Gottesauge, Sonnenkrone

> *»Die Sonnenblume liebt das Licht; sie will sich stets zur Sonne drehen. So mußt du Gottes Angesicht, willst du nicht irren, auch ansehen.«*
>
> GERHARD TERSTEEGEN

Aus dem Sonnenland der Azteken und der Mayas strahlt eine goldgelbe Blume. Sie ist das Wahrzeichen eines sonnenverehrenden Volkes und schenkt dem Menschen Nahrung und Schönheit.
Die Züchter der Sonnenblume jedoch waren die Inkas. Nur Menschen mit Wissen und Weisheit konnte die geheimnisvolle Züchtung der Sonnenblume gelingen. Ist sie doch eine Symbiose von strahlender Blüte, nährender Frucht und genialem Bau.
Der leuchtende Blütenkranz ist immer der Sonne zugewendet. »Tournesol« – heißt es im Französischen. Vom frühen Morgen bis zum Abend folgt die Blüte der wärmenden Energie und setzt, selbst in kühler Nacht, ihren Weg fort und hat jeden Morgen einen Kreis vollendet. Und so beginnt sie jeden Tag mit Blick nach Osten.
Im 16. Jahrhundert wurde die Sonnenblume in Spanien eingeführt. Heute wächst sie in allen Gärten Europas und überragt Büsche und kleine Bäume. Kann sie doch bis zu 3 Meter hoch werden. Ihr Blütenkranz mißt 40 cm im Durchmesser und steht auf festem Röhrenstamm, verankert mit einer starken Faserwurzel. Ihre herzförmigen Riesenblätter sind behaart, führen in einer Schraubenlinie am Stengel entlang und stellen die Pflanze in einen optimalen Winkel zum Sonnenlicht. Die Blätter lenken den Regen soweit ab von der Wurzel, daß das Erdreich um den Stamm herum nicht aufgeweicht wird.

Es hat bis ins 19. Jahrhundert gedauert, bis von der Ukraine ausgehend der herrliche Geschmack der Kerne bei uns entdeckt wurde. Während der Fastenzeit in der griechisch-orthodoxen Kirche wurde das tierische Fett durch das sogenannte »Fastenöl« der Sonnenblume ersetzt. Welch eine sinnvolle Kur! Welch wunderbarer Beweis, daß Verzicht auf »Tierisches« mehr ist als ein Kirchengebot.
In Rußland ist es Brauch, Sonnenblumenkerne einfach zu kauen, sie sozusagen auszulutschen. »Gut gekaut, halb verdaut« beweist heute die Wissenschaft: Kauen und Einspeicheln ist die Verdauung, die bereits im Mund beginnt.

Die Heilwirkung

Die Indianer Nordamerikas wußten, daß sie mit den Wurzeln und Blättern der Pflanze Wunden heilen konnten.
Heute finden wir den ausgereiften Samen in homöopathischen Tinkturen. Sie wird gegen Verstopfung verabreicht und in Wundsalben gemischt.

Inhaltsstoffe

28% Eiweiß
40% Öl, mit hohem Anteil an ungesättigten Fettsäuren
0,42% Lecithin
ätherische Öle, Inosit, Biotin, Cholin, Phytosterine, Betain
Enzyme

Vom Samen zum Sonnenblumenschößling

Anbaumethode: in Erde oder im Hydrogerät
Einweichzeit: 12 Stunden
Temperatur: ca. 21 Grad
Wässern (Besprenkeln): 4mal täglich
Ernte: nach 12 Tagen
Höhe des Schößlings: ca. 8 cm
Ertrag: 4 EL Sonnenblumenkerne auf einem Teller (20 cm ∅) oder im Hydrogerät ergeben ca. 3 Tassen Schößlinge. Ein Tablett, 33×20 cm, mit 1½ Tassen Sonnenblumenkernen ergibt 6 Tassen Sonnenblumengrün.

Ratschläge für den Sonnenkrautgärtner

In Erde oder über Wasser schwebend, wächst der Sonnenblumenkern nach einer geruhsamen Auskeimung prächtig. Ich kam während der ersten Entwicklungstage zu unterschiedlichen Auskeimungsergebnissen. Ich warte grundsätzlich, bis die Wurzeln ca. 2 cm lang sind, damit sie den Weg ins Wasser finden und sich alleine versorgen können. Wohlige Wärme und Feuchtigkeit muß die feinen Wurzeln bis zur Selbstversorgung schützen. Wir ernten die kleinen Pflanzen nach 12 Tagen. Die Schößlinge tragen ihre gestreiften Samenhülsen auf den grünen Blättchen. Sie werden abgeknipst oder fallen ab, wenn wir sie in lauwarmes Wasser tunken. Gerade im Winter braucht die Sonnenblume wohldosiertes künstliches Licht, damit sie ihren vollen Geschmack entwickeln kann.

Sonnenblumengrün in der Küche

Aus den ungeschälten Kernen – sie sind weiß oder schwarzweiß gestreift – wächst der Sonnenblumenschößling. Eine grüne kleine Fettpflanze, die nach mildem Sonnenschein und lieblicher Nuß schmeckt. Das Sonnenblumengrün vermählt sich mit leichten Saucen zu einem unbeschreiblichen Salat. Der Genuß des Sonnenblumengrüns weckt eine absolut *neue* sinnliche Erfahrung und stärkt.

Der Weizen

Weizen: *Triticum sativum*

Wenn von Weizen die Rede ist, heißt es oft: ein Lebensmittel wurde »geboren«, denn dadurch veränderte sich die Daseinsform des Jägers, Fischers und Sammlers, die allmählich ihr Nomadenleben zugunsten der Seßhaftigkeit aufgaben. Das »Gold der Zivilisation«, das »Amelkorn«, brachte Reichtum und Kultur an Euphrat und Tigris. Urahnen des Weizens sind Gräser. Mit seinen nachfolgenden Stufen, wie wilder Einkornweizen, Einkorn und wilder Emmerweizen, begründeten die Altkulturen ihre ersten Schritte in die Zivilisation. Noch viele weitere Stufen führen bis zu jenem Weizen, von dem heute fast die Hälfte der Weltbevölkerung lebt.
In Frühjahrszeremonien stand die Opfergabe von Weizen im Vordergrund, bezeugt durch die Göttinnen der Fruchtbarkeit, Isis und Demeter, auf vorchristlichen Wandbildern.
In China verweisen die Spuren des Weizens sogar auf das Jahr 2000 v. Chr. zurück.
Und eine tibetanische Sage erzählt, daß der Mensch erst durch Getreide seine Wandlung vom Affen (Primaten) zum Menschen nahm.

»Als Staatsmann ist nur qualifiziert, wer sich auf die Fragen des Weizens versteht.«

SOKRATES

Es mag uns berühren, daß es immer noch vereinzelt die archaische Anbauweise des Weizens mit einem hölzernen Pflug gibt, wie vor 4000 Jahren. Dem steht heute eine industriell ausgerichtete Monokultur einiger reicher Länder gegenüber, die auf unermeßlich großen Feldern Weizen produzieren. Er geht zu einem großen Teil in fremde Länder und tritt dort an die Stelle einst heimischer Lebensmittel. Die Abkehr vom regional typischen Anbau zugunsten einer weltumspannenden Weizenpolitik hat zu einer Polarisierung der Welternährung geführt. Die Importierenden sind in die Abhängigkeit der produzierenden Länder geraten. Der Weizen ist zum Werkzeug politischer Macht herangewachsen.

Der aus Gräsern gezüchtete Weizen ist über Jahrtausende durch planerische Auslese zu den heutigen Sorten entwikkelt worden. Aber er hatte bis vor 20 Jahren noch eine Vielfalt, die auf lokale Böden, Wetterbedingungen und Schädlinge ausgerichtet war. Heute werden überzüchtete Hybridenweizen gesät, die auf höchsten Ertrag, schnelles Wachstum und maschinelle Ernte, sprich kurzen Halm hin gezüchtet sind. Sie haben eine viel geringere Nahrungsqualität, diese Wundersorten der sogenannten »grünen Revolutionen« der 60er und 70er Jahre. Sie entpuppen sich als Bumerang:

1. die Erträge gehen zurück,
2. die neuen Weizensorten wachsen nur noch in der teuren Abhängigkeit von Kunstdüngern und Pflanzenschutzmitteln.
3. Eine Unzahl von wichtigen Weizensorten für neue Kreuzungen sind verlorengegangen. Die Folge sind Monokultur, genetische Gleichförmigkeit.

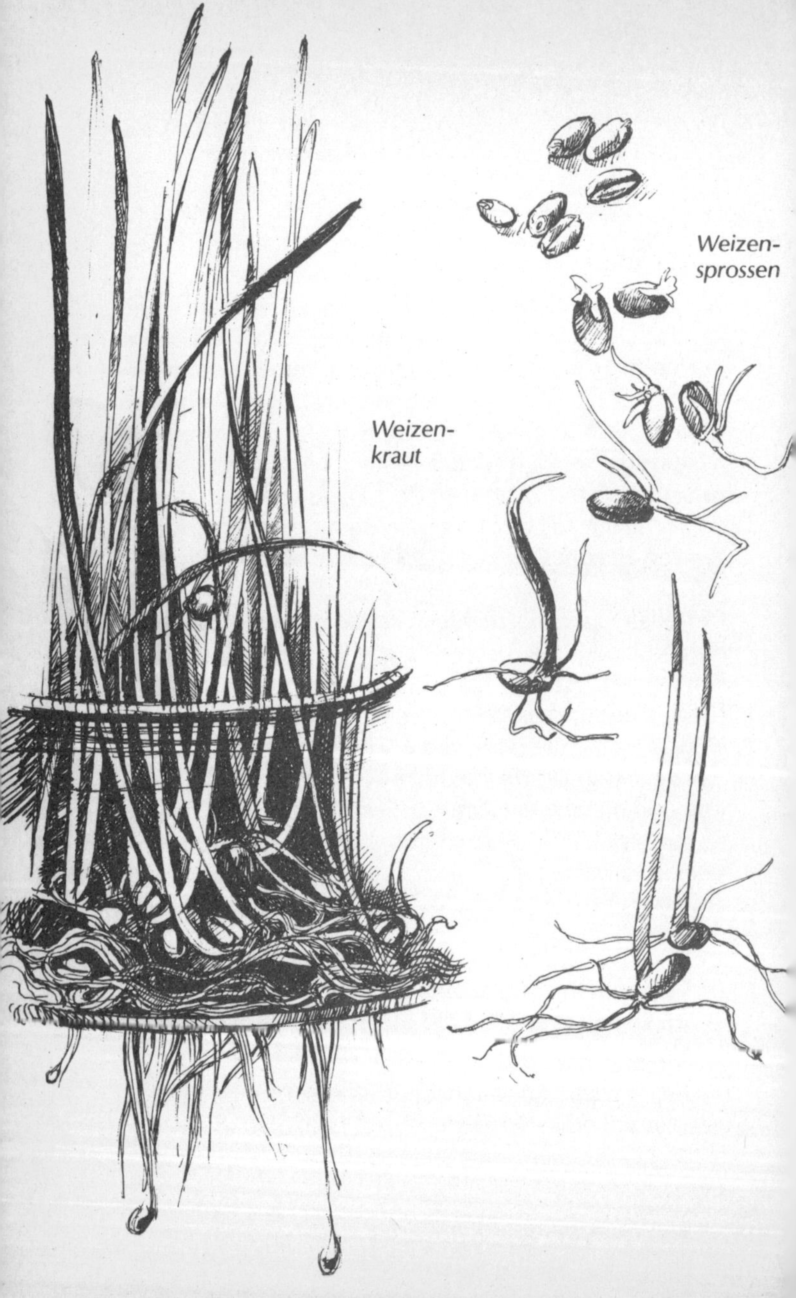
Weizen-
sprossen
Weizen-
kraut

4. Unsere Erde, unsere Umwelt, werden durch die Überdüngung verseucht.
5. Die Nährkraft des Weizens wird durch forciertes Wachstum und zu frühe Ernten (keine Sonnenvollreife) bedenklich reduziert.

Inhaltsstoffe

11,7% Protein
2,0% Fett
69,3% Kohlenhydrate
Vitamin B_2, B_5, C und sehr viel E
Eisen, Phosphor, Magnesium und Zink
Enzyme, Hormone

Vom Samen zum Weizengras

Anbaumethode: auf Erde oder im Hydrogerät
Einweichzeit: ca. 12 Stunden
Temperatur: ca. 21 Grad
Wässern (Besprenkeln): 2mal täglich
Ernte: nach 8 bis 12 Tagen
Höhe des Schößlings: ca. 8–10 cm
Ertrag: Bei einem Tablett, 33×20 cm, benötigen wir 1½ Tassen Weizen und ernten ca. 5 bis 6 Hände voll Weizengrün. Bei einem Teller (20 cm ∅) oder im Hydrogerät benötigen wir ½ Tasse Weizen und ernten 1½ Tassen Grün.

Anmerkungen für den Weizengrasgärtner

Weizenkörner, die in der Erde wachsen sollen, werden nur über Nacht geweicht und dann ins feuchte Erdbett gelegt. Bei der Anzucht ohne Erde lassen wir die Körner 3 Tage keimen, bevor wir sie im Hydrogerät weiterzüchten. Weizengras wird nicht mit der Wurzel gegessen.

Getreidegrünkraut kann nicht nur aus Weizen, sondern auch aus Gerste (bitter) und Roggen (herb) gezüchtet werden. Nach Kulvinskas ist jedoch keines dem Weizen vorzuziehen.

Inhaltsstoffe des Weizengrüns

Mit einem Chlorophyllanteil von 70% haben wir im Weizengrün den höchsten Heilwert. Weizen nimmt 92 von 102 bekannten Mineralien aus dem Boden und ist extrem reich an Protein.
Protein mit allen essentiellen Aminosäuren
alle Vitamine, besonders A, C, B und E
alle 8 essentiellen Enzyme (die bisher bekannt sind),
Calcium, Phosphor, Magnesium, Schwefel, Kobalt, Zink, Kalium, Natrium
Hormone

Heilwert

Im Hippocrates Health-Institute in Boston, Mass., USA, experimentiert Dr. Ann Wigmore seit über dreißig Jahren mit Chlorophyllsaft aus Weizen. In ihrer Therapie heilt sie sogenannte Zivilisationskrankheiten mit Weizensaft. Er wird oral und anal verabreicht (s. Anhang).
Wegen der extrem reinigenden Wirkung wird Weizengras-

saft erst in sehr kleinen Portionen, immer ½ Stunde vor dem Essen getrunken. Wir beginnen mit 2 TL und steigern bis zu einem halben Wasserglas: Der Saft kann mit gefiltertem Wasser (oder Gemüsesäften) verdünnt werden. Seine reinigende Kraft ist schnell durch die Ausscheidungen über Haut und Darm zu spüren. Weizengrassaft hat einen sehr strengen Geruch. Für den einen ist er der Zauber des frischen sommerlichen Grasschnittes, für den anderen einfach äußerst fremd. Lernen wir diesen Geruch zu akzeptieren und mit ihm den Geschmack. Der Saft muß immer frisch gepreßt sein, um möglichst intensiv zu wirken.

Leider gibt es in Deutschland noch keine Maschinen, die den Saft von den extrem harten Fasern trennen. Bleiben folgende Möglichkeiten:

1. Das Gras kauen und die Fasern ausspucken.
2. Mit einer gewöhnlichen Körnermühle oder mit einem Fleischwolf aus Edelstahl kann das Gras mit feiner Scheibe durchgedreht und anschließend durch ein Sieb oder ein Tuch gedrückt werden.
3. Die Halme werden sehr fein geschnitten und mit einer adäquaten Menge Wasser im Mixer zu Mus geschlagen und danach im Sieb oder im Tuch durchgeseiht.
4. Die Halme werden nur 8 Tage gezüchtet. Sehr fein geschnitten können sie als Würze verwendet werden.
5. Als letzter Versuch: Die Halme mit einer Schere winzig klein schnippeln und im Wasser sozusagen auslaugen lassen. Bei dieser Methode können jedoch luftempfindliche Inhaltsstoffe verloren gehen.

Merke: Weizengras nie auf dem Brett hacken. Der Saft fließt in die Unterlage.

Wer täglich Saft trinken möchte, muß sich mindestens mit einer Tellerportion, sie ergibt bei mir ½ Glas, eindecken, d. h., man muß diese Menge täglich neu säen.
Im Weizensaft liegt die höchste Heilwirkung des Chlorophylls (s. »Heilwirkung des Chlorophylls«).

Zusammenfassung meiner eigenen Erfahrungen:

Chlorophyll reinigt den Darm und regelt die Verdauung.
Chlorophyll heilt Allergien.
Chlorophyll vitalisiert, regeneriert und fördert die Konzentration.
Chlorophyll verbessert die Beschaffenheit unserer Haut (Falten, Unreinheiten).
Chlorophyll heilt Entzündungen.
Chlorophyll festigt das Zahnfleisch.
Chlorophyll hemmt Schuppen, auch äußerlich angewendet.
Chlorophyll heilt Halsschmerzen.
Chlorophyll beschleunigt die Heilung von Verbrennungen und Schnittwunden (äußerlich).
Chlorophyll verhindert schlechten Mundgeruch.
Chlorophyll hemmt schlechten Körpergeruch.
Chlorophyll verscheucht Kopfschmerz und Kater durch seine kreislaufanregende Wirkung.
Chlorophyll hat Einfluß auf Gedächtnis und Kreativität.
Chlorophyll ist das ideale Schönheitsmittel.

»Chlorophyll wid im kommenden erleuchteten Zeitalter das Hauptprotein sein. Im frisch zubereiteten Getränk enthält es synthetisierten Sonnenschein und den für die Wiederbelebung des Körpers so erforderlichen elektrischen Strom und es wird Teile des Gehirns erschließen, von denen der Mensch noch nichts weiß.«

ANN WIGMORE

Weizengrün in der Küche

Weizengrün bildet das Blut neu, regeneriert und verjüngt. Nach Forschungen von Dr. Ann Wigmore und Viktoras Kulvinskas gilt Weizengras als komplette Nahrung. Sehr fein geschnitten, nach einer Ernte von 8 Tagen, ist Weizengras Würze für Salate. Oder wir trinken es nach 12 Tagen als Saft. Wer Grassaft trinkt (»wir beißen nicht ins Gras dabei«), nimmt eines der ungewöhnlichsten Heilmittel unserer Zeit zu sich. Sein voller Wert ist in Europa, im Gegensatz zu den USA, noch nicht so bekannt.

Glück und Gras, wie leicht wächst das!

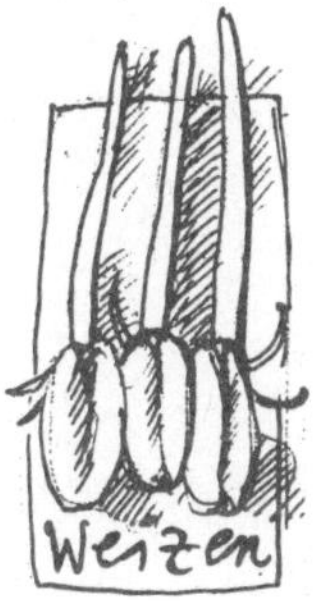

Was macht das Kraut so bitter, scharf oder herb?

Es sind die »Bitterstoffe«. Von jeher bekannt als Medizin, heilend, kräftigend, bzw. stärkend.
Die Bitterstoffe aus unseren Zwölf-Tage-Kräutern bestehen aus den verschiedensten chemischen Verbindungen. Gemeinsam ist ihnen, daß sie uns Menschen bitter erscheinen und ihre Wirkstoffe für unseren Stoffwechsel Signale bedeuten, bestimmte Stoffe zu produzieren oder als innere Sekretion auszuschütten. Fehlen unserer Nahrung diese Bitterstoffe, so laufen bestimmte Stoffwechselvorgänge nicht so ab, wie sie ursprünglich angelegt sind.

Zum Beispiel: eine halbe Stunde nach dem Essen von Bitterstoffen bilden sich starke Magensekretionen.
Unsere Nahrungsmittel sind heute auf die weiche Süße programmiert und mit ihnen unsere Geschmacksnerven. Gurken, Chicorée – selbst die schöne Artischocke ist entschärft, durch Spezialzüchtungen »entbittert«.
Allein zulässig sind noch Aperitifs, die die Sekretion der Magensäfte anregen sollen. Aber all diese Appetitmacher enthalten mehr oder weniger weißen Zucker, und ihre Bitterstoffe stammen aus der Aromafabrikation.
Aus dem Zimmergarten können wir alle Nuancen von Bitterstoffen ernten. Kresse, Rettich, Senf, der scharfe Bockshornklee sind taufrische Würze und liefern in naturverbundener Ganzheit das vorbeugende Heilkraut.
Unsere Geschmacksnerven entwickeln nach einer kleinen Zeit der Anpassung geradezu einen Heißhunger nach der

»bitteren Pille« ... Recht so, der Körper weiß was er braucht: und Bitteres wird süß.

Wirkung:

Bitterstoffe wirken auf die Magen- und Darmsekretion und die Peristaltik. Die Verdauung wird angeregt und schwere Mahlzeiten, die Sodbrennen oder Blähungen hervorrufen, werden ausbalanciert. Stimulierende Bittermittel haben eine resistenz- und leistungssteigernde Wirkung. Durch die Sekretionsförderung werden bei langfristiger Einnahme chronische Entzündungen des Nasen-, Stirnhöhlen- und Rachenraums geheilt.

Die Küche der 12-Tage-Kräuter

Laß Deine Nahrung Deine Medizin sein
und ein Fest für Deine Augen!

Lebendige Nahrung

»In der Nahrungskette des Menschen ist etwas Grünes der Anfang.«

»Wir verhungern an überladenen Tischen«, heißt es, unsere Nahrung ist voller Schadstoffe, denaturiert und leer.
Damit nicht genug: Durch Lagern, Erhitzen, Einfrieren und überkochen töten wir das Lebendige. Bis zu 85% des Nährwertes verkocht, z. B. das hochgelobte Eiweiß, für das wir soviel ursprüngliche Nahrungsenergien opfern (»denn alles Fleisch ist Gras« oder 1 kg Fleisch = 16 kg verfütterte Energie: Weizen und Soja). Schlimm ist der Verlust der Enzyme durch den Kochprozeß. Unser Stoffwechsel ist von ihnen abhängig. Sind sie doch die Katalysatoren, die Anmacher der Körperchemie. Sie ermöglichen die Aufnahme der Vitamine und die Entwicklung körpereigener Enzyme, die Spaltung der Proteine, ja, die ganze Verwertung unserer Lebensmittel mit ihren Inhalten. Nahrungsmittel ohne Enzyme werden nicht ausgenützt und belasten. Schließlich entstehen Ablagerungen.
Wir müssen die Wirkkraft des Lebendigen in unseren Nahrungsmitteln wahren und das Natürliche so natürlich wie

möglich sein lassen. Zwölf-Tage-Kräuter werden für uns zum Lebenselixier - zum Jungbrunnen, wenn wir ihren Zellverband und die Strahlkraft des grünen Blattes erhalten. (Das heißt auch für die Entsaftung, die schonendste Form, die geringste Umdrehung im Mixer wählen). Es gibt viele Kräuter mit einem hohen Heilwert, aber kaum eines wächst in so kurzer Zeit, das ganze Jahr über und garantiert giftfrei, aus eigener Zucht.

»Die Moleküle sind durch Lichtladungen lebend geworden. Sie zeigen in diesen angeregten Zuständen Pulsationen und Fluoreszenz«, sagt Dr. J. Knuth in ihrer Doktorarbeit, »der Mensch als Teil der Ordnung im Universum.«

In Sprossen und dem 12-Tage-Kraut finden wir das komplexe Gefüge, das Nahrung zum Lebensmittel erhebt. Das steht im Gegensatz zum Boom der »grünen« Medizin aus »Gottes Apotheke«!

Woher kommen die getrockneten Kräuter, um den sprunghaft angestiegenen Bedarf nach Heilkräutern zu decken? Stammen sie nicht aus Importen hauptsächlich der Dritten Welt und wachsen sie nicht genau wie unser Industriegemüse? Antoine Illes berichtet in seiner Dissertation über Pflanzenmedizin, daß er an 270 Proben von Heilkräutern, die aus 4 Kontinenten stammen, Untersuchungen durchgeführt hat. Er stellte dabei 840 Pestizidrückstände fest. (Aus »Pflanzenmedizin« von Jean-Marie Pelt, Econ-Verlag.)

Darum müssen wir lernen, uns selber zu versorgen. Unsere knackfrischen Grünkräuter mit ihren ätherischen Ölen, heilenden Bitterstoffen und Vitaminen, Enzymen, Hormonen und Mineralien, stellen sich mit ihrer ganzen Wirkkraft und Lebendigkeit zu unserer Verfügung. Sie sind nicht getrocknet, überlagert und mit Chemie gewachsen. Vor allem verwirklichen sie das alte Geheimnis, daß die einzige dem Menschen angemessene Nahrung die sei, die in seiner nächsten Umgebung wächst.

Mit dem Grünkraut entwickeln wir ein neues Schmecken. Es erweitert unsere Geschmackssensibilität durch ein unbekanntes Bitter, ein erfrischendes Sauer, eine ungeahnte Milde und eine hitzige Schärfe. Die Vielfalt der Geschmacksvarianten läßt uns schmerzlich erkennen, wie sehr die auf Menge und Marktwert hingezüchteten Kräuter und Salate im Geschmack verarmt sind.

Doch werden wir intuitiv und gehen kleine Schritte. Jede Übertreibung rächt sich. Zuerst mischen wir das ungewöhnliche Grün in kleinen Portionen in Salate, Suppen, Eintöpfe, Eier und Körnermahlzeiten als Würze, bis ganz allmählich das Kraut ein meßbarer Bestandteil unserer Mahlzeiten wird.

Und im Kleinen begreifen wir den Satz von Sheng Nung, dem chinesischen Kaiser, der Botaniker war, und der schon 3000 v. Chr. sagte: »Die Kraft deines Körpers liegt in den Säften der Pflanze.«

Weniger Fleisch – Brot für alle

»Alles Fleisch ist Gras,
und seine Schönheit gleicht der Blume.«

JESAJA, 40,6

Fleisch war früher ein teures und seltenes Nahrungsmittel. Erst im Laufe des letzten Jahrhunderts, durch die Industrialisierung der Landwirtschaft, haben sich unsere Eßgewohnheiten verändert und das tierische Protein hat, trotz seiner alarmierenden Giftstoffe, einen überdimensionalen Stellenwert bekommen.

Der bekannte Ernährungsforscher Dr. A. Waerland beendet den mühsamen Streit, ob wir nun Früchte- oder Fleischesser sind, anhand seiner Untersuchungen, in denen er aufgrund des Aufbaus des Verdauungstraktes, der Kiefer- und Zahnbildung nachweist:

Wir sind vom Ursprung her keine Fleischesser.

Im Verdauungstrakt von Tier und Mensch stellte er unterschiedliche Bakterienstämme fest. Gärungsbakterien zur Verarbeitung von tierischen Substanzen und Fäulnisbakterien für Pflanzenstoffe. Biologisch gesehen entfernen wir uns seit Jahrtausenden immer weiter von unserer ursprünglichen Natur; denn wir sind Allesesser geworden.

Das Welternährungsproblem, die Knappheit der Nahrungsmittel bei zunehmender Bevölkerung fordern eine Antwort.

»Es ist notwendig, daher ist es möglich.«

A. BORGHESE

Wir fallen nicht gleich vom Fleisch, wenn wir uns langsam der tierischen Nahrung entwöhnen. Vielmehr entlasten wir unseren Verdauungsorganismus. Der Krieg zwischen Fäulnis- und Gärungsbakterien, der, wie Waerland sagt, der Grund für unsere Krankheiten ist, wird eingestellt zugunsten einer ausgeglichenen Darmflora.

Der gute Gesundheitszustand von rein vegetarisch lebenden Völkern, die aus religiösen Gründen oder durch die Gegebenheiten aus ihrer Umwelt kein Fleisch essen, widerlegt die Ansicht, daß eine vegetarische Kost gleichbedeutend mit einer Eiweißmangelernährung ist.

»15 Pfund Weizengras entsprechen in bezug auf ihren Nährwert 350 Pfund auserlesenem Gemüse.«

DR. E. THOMAS, USA

Regeln für das Essen von grünem Kraut

Lebensmittel sind Gottesgaben.
Bereiten wir eine Mahlzeit mit Herz und unserer ganzen Aufmerksamkeit!

1. Wir essen unsere Grünkost frisch geerntet und möglichst roh zu Beginn unserer Mahlzeiten.
2. Mit kleinen Portionen als Würze beginnend, steigern wir die Grünkrautmengen bis zum eigenständigen Salat.
3. Zur gegenseitigen Aufwertung der Wirkstoffe mischen wir viele verschiedene Salate.
4. Wir ergänzen Blattsalate mit möglichst zwei Gemüsearten, die jeweils in und über der Erde gewachsen sind.
5. Soll der Rohkostsalat Hauptmahlzeit sein, ergänzen wir ihn durch Nüsse, Körner und Sprossen.
6. Wir mischen Salatsaucen aus kaltgepreßtem Öl, Gemüsesäften, Sauermilcharten und etwas Zitrone.
7. Wurzeln, Knollen und Gemüse werden erst kurz vor dem Genießen geraspelt, in sehr feine Streifen geschnitten, oder mit größtem Vergnügen einfach abgebissen. Dazu gibt's dann und wann ein Löffelchen Sauce.
8. Unser Grünkraut aus dem Zimmergarten wird zur Erhaltung seiner Strahlkraft möglichst nicht geschnitten oder gehackt, sondern wenn überhaupt, gerupft.
9. Wir kauen bedächtig, bis die Kost gut eingespeichelt ist. Das entlockt Pflanzen wahren Geschmack und Wirkung.

Merke: »Trinke dein Essen und kaue deine Suppe.«

10. Wir essen zu getrennten Mahlzeiten Obst und Grünkost.
11. Zum gezielten Entschlacken und Aufbauen unseres Körpers sollten 50 % unserer Nahrung roh gegessen werden.
12. Jede Kur, jedes ausschließliche Rohkostessen, muß mit einem Arzt abgesprochen werden.
13. Durch Rohes und Lebendiges essen wir weniger, wodurch sich unser Gewicht entsprechend unserer individuellen Gestalt normalisiert.
14. Diese Kost ist für unseren Körper und unsere Umwelt ökonomisch.

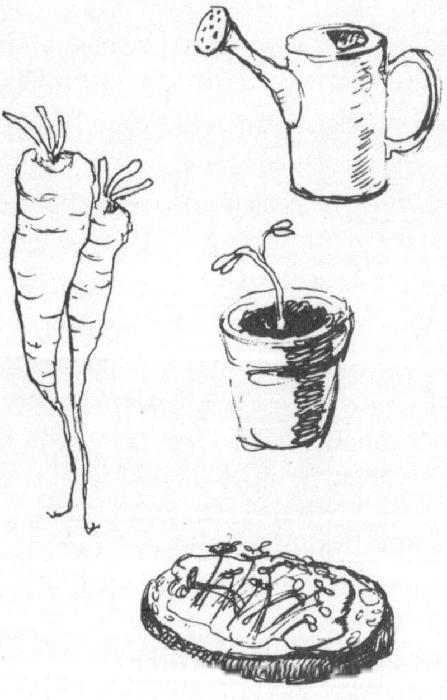

Die Verführung

Manchmal erwischt sie mich, die ordinäre Currywurst!
Der Geruch krempelt in Sekunden alle neuen Erfahrungen um, Wasser läuft mir im Mund zusammen ... nachgeben, essen – und ganz schnell noch ein wenig genießen. Der Kater folgt auf dem Fuß.
Der Körper wehrt sich mit Übelkeit.
Es muß dieser Geruch sein, dieser Geruch – vielleicht aus meiner Kindheit. Ich entschuldige mich bei meinem Magen. So ist das. Darum ist es gut, bestimmte Nahrungsmittel überhaupt nicht mehr in der Küche zu haben. Jeder hat verführende Erinnerungen.

Wir schaden uns durch:

1. Auszugsmehle wie Graubrot, Weißbrot usw.
2. Zuckerarten aus der Fabrik, wie:
   weißen und braunen Zucker, industriellen Trauben- oder Fruchtzucker sowie alle Nahrungsmittel, die damit gesüßt sind, z. B. Kuchen, Marmelade, Eis, Cola, Limonade, Schokolade, Bonbons usw.
3. Raffinierte Fette (sämtliche Margarinesorten und nicht kalt gepreßten Öle).
4. Obst- und Gemüsesäfte, die industriell hergestellt sind.

»Gegen Dummheit ist kein Kraut gewachsen.«

Vom Essen und Trinken

Kahlil Gibran
(zeitgenössischer libanesischer Philosoph)

... darauf sprach ein alter Mann, ein Gastwirt: »Erzähle uns vom Essen und Trinken.«
Und er sprach also:
»Ach! könntet ihr doch leben vom Duft der Erde und euch nähren am Licht, gleich einem Luftgewächse!
Aber da ihr gezwungen seid zu töten, um zu essen, und zu rauben dem Neugeborenen seiner Mutter Milch, um euren Durst zu stillen, so machet aus dem Zwang einen Akt der Verehrung.
Und euer Tisch sei ein Altar, auf dem das Reine und Unschuldige aus Wald und Fluß geopfert werde für das, was im Menschen noch reiner und unschuldiger ist.
Tötet ihr ein Tier, so spreche euer Herz zu ihm:
»Durch die gleiche Macht, die dich erschlägt, werd' ich erschlagen; und auch ich werde verzehret.
Denn das Gesetz, das dich ausliefert meiner Hand, liefert mich einer mächtigeren Hand aus.
Dein Blut und mein Blut ist nichts als der Saft, der den Baum des Himmels nähret.«
Und zermalmt ihr einen Apfel unter den Zähnen, so spreche euer Herz zu ihm:
»Dein Same wird leben in meinem Körper,
Und deine Knospen von morgen werden aufblüh'n in meinem Herzen.
Und dein Duft wird mein Atem sein,
Und gemeinsam werden wir uns freun aller Zeiten des Jahres.«
Und im Herbste, wenn ihr die Trauben eurer Weinberge für die Kelter erntet, so spreche euer Herz:
»Auch ich bin ein Weinberg, und meine Trauben werden gelesen für die Kelter,

Und gleich neuem Wein werd' ich verwahrt in ewigen Gefäßen.«
Und im Winter, wenn ihr den Wein zapfet, sei ein Lied in eurem Herzen;
Und in dem Lied sei ein Gedenken an die Tage des Herbstes und an den Weinberg und die Traubenkelter.«

Meine Lieblingsrezepte

1984 – wenig Zeit für den Sprung ins Jahr 2000.
Ein gastronomisches Kapitel – die Kunst der »haute cuisine« wird herausgefordert. Die hohe Schule für Gourmets, Statussymbol als raffinierte Küchenkultur, entlarvt sich als Völlerei und sinnliche Täuschung. Der Magen trägt die Bürde, die ihm Repräsentation und Spesen aufzwingen.
Wendezeit:
Adé Pasteten, adé Soufflés – bestaunte Schöpfungen à la minute, adé Parfait, Demi glace, adé Consommé!

Ein heute noch unvorstellbarer Geschmacksreigen kündigt sich an: Filigrane Blattwürze und zarte Salatblätter finden den Weg durch unseren Mund und werden Körper und Seele neu erschließen.
Kräuter sind wahre Genüsse, gesundheitsfördernde Würze, vorbeugendes Heilmittel von altersher.

Suppen

Die gute Suppe gehört in die Grünkräuterküche wie der Rohkostsalat. Suppen sind die ideale Unterlage für Kräuter, eine weiche Basis, die unsere Würze in allen Nuancen wirkungsvoll entfaltet.
Die hausgemachte Suppe ist ein unübertroffener, schonender Magenschmeichler. Wer dächte da noch an Suppen, die früher tagelang auf dem Herd simmerten und, wie wir heute

wissen, sich mit ihrem hohen Harnstoffanteil in reine Giftbrühen verwandelten.
Unsere Suppen sind blitzschnell angegarte Gemüsebrühen: Wir raspeln Gemüse genauso, wie wir das für Salate tun würden und kochen diese kurz an, vor eventuellem Andünsten. Das Wasser sollte immer gefiltert werden und nur doppelt soviel sein wie die Menge des Gemüses. Das angekochte Gemüse wird im Mixer zu Creme geschlagen und ist dann Suppe oder Fond, inhaltsreich und unvergleichlich im Geschmack. Sprossen und Würze der Grünkrautküche werden in Suppen sanft erwärmt, damit sie lebendig bleiben. Wunderbarerweise gewöhnt sich selbst der Skeptiker ganz leicht an die neue Kost, wenn sie als Suppe serviert wird. Für alte Menschen oder auch Magenkranke ist eine Gemüsebrühe mit Frischkostanteil ein belebender Morgengruß, im Gegensatz zum Körnerfrühstück, ganz zu schweigen vom Kaffee.

Merke:

Gemüsefonds für die Kräuterküche sind geraspelte Gemüse, die in gefiltertem Wasser ganz kurz aufgekocht und dann im Mixer zu Creme geschlagen werden.
Am Beispiel von *Möhrensuppe:* Der Fond ist eine geschmackliche Ergänzung. Er kann darum aus einem anderen Gemüse bestehen (Lauch, Kohlrabi, etc.).
Der **Fond** kann aber auch das Restwasser sein, in dem Kartoffeln, Nudeln, Getreide oder Spinat gekocht wurden.

Merke:
Haben wir Kräuter übrig, können wir ihre Frische über einige Tage im Kühlschrank bewahren. Dazu wickle ich die Würze gut angefeuchtet in ein ausgewrungenes Leinentuch.

Birnencreme mit Rettichsprossen und Buchweizengrün

Eine Harmonie von Süß und Herb. Eine Kaltschale für den Sommer und ein Dessert nach mächtigem Eintopf - wer weiß, wozu dieses Rezept Sie verführen mag.

6 reife Birnen
1 l Gemüsebrühe oder -fond
3 EL Zitronensaft

1 Tasse Buchweizengrün
2 EL Rettichsprossen
1 Hauch Salz

½ Tasse süße Sahne

1. Die Birnen schälen und vierteln. Das Kerngehäuse verwahren.
2. Die Birnen werden im Gemüsefond mit dem Zitronensaft sofort zu Püree geschlagen, damit sie nicht anlaufen.
3. In einem kleinen Teil des Gemüsefonds Schalen und Kerngehäuse 15 Minuten köcheln, damit sie ihr Aroma abgeben.
4. Die gekochten Birnenteile werden durch ein Sieb gestrichen und der Cremesuppe zugefügt. Die Suppe auskühlen lassen und sehr kalt in tiefen Schalen servieren.
6. Mit Rettichsprossen und feingeschnittenem Buchweizengrün bestreuen und je 1 Tupfer festgeschlagene Sahne aufsetzen.

Möhrensuppe im grünen Grund

1 l Basissuppe (Gemüsefond)
2 Möhren, geraspelt
¼ Knolle Sellerie, geraspelt
2 EL Butter
1 EL Honig
1 kleine Zwiebel, sehr fein gehackt
2 Äpfel, gerieben
1 Töpfchen Crème fraîche
2 EL Senfsprossen
2 Handvoll Sonnenblumenschößlinge
Meersalz (ein Hauch)

1. Die Möhrenstückchen und die Sellerieteile in der Grundbrühe angaren und anschließend im Mixer pürieren.
2. Die feingehackte Zwiebel in der Butter und im Honig glasieren und garen, leicht salzen.
3. Alle Zutaten in einen Topf füllen.
4. Die geriebenen Äpfel zufügen und alles sanft erwärmen.
5. Die Crème fraîche mit den Senfsprossen vermischen.
6. Wir füllen die Suppe in Schalen, die wir vorher mit dem Sonnenblumengrün ausgelegt haben. Über dieses Gericht geben wir die Crème fraîche, die mit den Senfsprossen gewürzt wurde.

Kalte Gurkensuppe
»Gletschergrün«

1 Salatgurke, gewürfelt
2 Zucchini, gewürfelt
2 EL Zitronensaft
2 EL Kresse
3 EL Sauerrahm
1 Hauch Salz, frischgemahlener Pfeffer
2 EL Senfgrün
2 EL Sonnenblumenkerne, geröstet

1. Die Gurken- und die Zucchinistücke werden mit dem Saft der Zitrone im Mixer zu einer Creme geschlagen.

2. Die Suppe in eine Schüssel füllen und mit dem Schneebesen den Sauerrahm unterschlagen.
3. Die Kresse zufügen.
4. Mit Salz und Pfeffer würzen und die Suppe mit dem Senfgrün garnieren.
5. Zu der kalten Suppe reichen wir Sonnenblumenkerne – warm und knusprig.

Schelmensuppe

1 Tasse Sonnenblumensprossen
1 Tasse Buchweizensprossen
2 kleine Köpfe Salat
30 g Butter
1 l heißes Wasser oder Gemüsefond
3 EL Zitronensaft
1 Hauch Salz, frischgemahlener Pfeffer
2 Eigelb, leicht verquirlt

1. Das Sonnenblumengrün mit den Salatblättern ganz sanft in Butter schwenken (nicht länger als 3 Minuten).
2. Die Buchweizensprossen hinzufügen.
3. Dann gießen wir vom Rand her das vorgewärmte Wasser über das Grün.
4. Wir lassen alles kurz aufkochen und würzen mit Zitrone, Pfeffer und Salz.
5. Das Eigelb in der Suppe verrühren.

Ihre Freunde werden Ihre Suppe mit Behagen auslöffeln – aus *einem* Topf.

Apfelsuppe für Isis
Morgenstund hat Gold im Mund ...

1 Tasse Wasser, gefiltert
3 EL Sonnenblumenkerne
1 EL Weizenkeime

4 Tassen Wasser, gefiltert
4 Äpfel (Boskop), grob gerieben

2 EL Butter
1 EL Zitrone
1 TL Honig
1 EL Senfgrün
4 Pflaumen, vom Stein gelöst und gehackt
1 Tasse Luzernengrün

1. Im Mixer auf kleinster Stufe die Sonnenblumenkerne im Wasser grob mahlen.
2. Die Äpfel in Butter andünsten und mit der Zitrone beträufeln.
3. Das Wasser angießen, mit den Äpfeln kurz aufkochen und sofort wieder abstellen.
4. Die Pflaumen und den Honig einrühren.
5. Die Weizenkeime werden kurz angebräunt.

Die Suppe in vorgewärmte Schalen füllen. Senf, Luzernengrün und Weizenkeime werden darüber gestreut. Welch ein Tag! Ein Apfel war schon in der Bibel Verführung.

Weizenschrotbrei »Greenpeace«

200 g Weizenschrot
2 Tassen Champignons, in feine Scheiben geschnitten
2 Zwiebeln, fein gehackt
2 EL Butter
1 l Gemüsefond
1 Prise Salz
2 Tassen Buchweizenkraut
2 EL Bockshornkleegrün
1 EL Senfsprossengrün
1 EL Rettichgrün

1. Die Champignons und die Zwiebeln werden 5 Minuten sanft in Butter gedünstet.
2. Den Weizenschrot einrühren und 5 Minuten anbraten.
3. Die mit Salz und Pfeffer gewürzte Brühe aufgießen.
4. Kurz aufkochen lassen.
5. Die Suppe wird nun auf kleinster Flamme ca. 30 Minuten geköchelt, dann hat sie die Flüssigkeit absorbiert. Der Weizen ist sanft, weich und aufgequollen.
6. Wir rühren die geschnittene Grünwürze unter.
   Ein stärkender Eintopf!

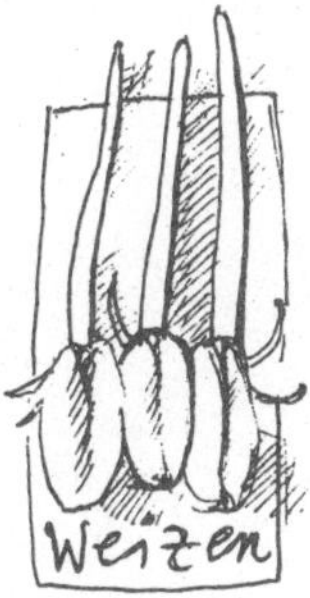

Hafergeknusper aus dem Backofen

125 g Haferflocken
1 Tasse Weizensprossen
½ Tasse geschälte und halbierte Mandeln
1 EL Rosinen
½ Tasse Sonnenblumenkerne
1 Prise Salz

Honigmischung:
4 EL Honig
2 Tassen Wasser, gefiltert
½ Schote Vanillemark
2 EL Sesamöl oder
2 EL Sonnenblumenöl

2 Tassen Sonnenblumengrün
½ l heiße Milch

1. Wir heizen den Backofen auf 200° C vor.
2. Die erstgenannten Zutaten werden einschließlich des Salzes vermischt.
3. Die folgenden Zutaten werden, mit dem Honig beginnend, verrührt.
4. Die Haferflockenmischung auf ein gefettetes Backblech geben und 15 Minuten im Ofen überkrusten.
5. Die Honigmischung wird auf die heißen Haferflocken getröpfelt und für weitere 15 Minuten eingebacken.
6. Die Haferflockenkrusteln nun aus dem Ofen nehmen.
7. Wir verteilen das Sonnenblumengrün in 4 Schålen, geben das Hafergeknusper darüber und füllen mit heißer Milch auf.

Vollkornspaghetti »a la sole verde«

500 g Vollkornspaghetti
Salz

3 EL Olivenöl, kalt gepreßt
2 Zehen Knoblauch
1 Prise Paprikapulver
1 Prise Salz
4 Tassen Sonnenblumengrün

100 g Parmesan, frisch gerieben

1. Die Nudeln in einem großen Topf (3 bis 4 l) kochen.
2. Der Knoblauch wird in einer kleinen Kasserolle im Öl angekrustet.
3. Den Knoblauch mit einer Gabel ausdrücken und braune Reste aus dem Öl nehmen. Nun würzen und für einige Sekunden das Sonnenblumengrün ins heiße Fett geben. Dieser Vorgang muß blitzschnell geschehen, damit die Sonnenblumen nicht verderben.
4. Die Nudeln werden nach ca. 10 Minuten abgegossen und mit dem Grün gut vermischt. Auf vorgewärmten Tellern servieren.
5. Mit Parmesan bestreut ist dies ein köstliches Gericht!

Reissalat mit Hizikialgen

¾ Tasse Hizikialgen aus dem Reformhaus oder Bio-Laden
1 EL Sesamöl
2 Tassen Champignons, in sehr feine Streifen geschnitten
3 kleine Zwiebeln, in feine Kuben geschnitten

1 Tasse Sojabohnensprossen
4 Tassen gekochter Reis

Sauce
2 EL Sonnenblumenöl
2 EL Rotweinessig
3 EL Kresse
1 Ei
1 Prise Salz
1 Spur Honig

3 Tassen Luzernengrün
2 EL Bockshornklee-blättchen
2 EL Rettichgrün

1. Die Algen werden unter fließendem Wasser gründlich gewaschen und 2 Stunden eingeweicht.
2. In einer Kasserolle das Öl erhitzen und die Zwiebel darin glasig dünsten.
3. Anschließend die geweichten Algen hinzufügen und sie für 15 Minuten sehr leise simmern lassen.
4. Die Champignons für kurze Zeit bei starker Hitze zu den gegarten Hizikialgen rühren.
5. Wir müssen darauf achten, daß der feine Geschmack der Pilze, Algen und Zwiebelwürze sich gut miteinander verbindet und lassen dazu alles auskühlen.
6. Nun die Salatsauce bereiten.
7. Die Zutaten mit dem abgekühlten Reis und den Bohnensprossen vermischen.
8. Wir gießen die Sauce über den Salat und lassen alle Ingredienzen für ca. 1 Stunde gut durchziehen.
9. Auf einen großen Salatteller einen Kranz aus den grünen Schößlingen der Luzerne, mit dem Reissalat in der Mitte, legen.
10. Ganz zum Schluß den Reissalat mit den Blättchen unseres Grüns bestreuen.
    Ein Ehrenkranz!

Salat »Nach grüner Farb' mein Herz verlangt«

1 Handvoll Feldsalat
1 Tasse Sonnenblumengrün
1 Tasse Buchweizenkraut
1 EL Rettichgrün
1 EL Kresse
1 EL Bockshornkleekraut
1 EL Weizengras, sehr fein mit der Schere geschnitten (8 Tage gewachsen)

Sauce
2 Eigelb, hart gekocht
1 TL Sonnenblumenöl
1 EL frisch geriebener Parmesankäse
1 EL Rotweinessig
½ Tasse Tomatenpüree aus frischen Früchten
4 EL Walnußöl
½ Zitrone, frisch gepreßt
1 Prise Salz

1. Den Feldsalat waschen und in einem Tuch abtrocknen.
2. Alle Zutaten in eine Schüssel geben und gut vermischen.
3. *Sauce:* Die Tomaten überbrühen, enthäuten und zu einem Püree schlagen.
4. Das Eigelb mit einer Gabel zerdrücken, dann schubweise das Öl hinzugeben und nach und nach die übrigen Zutaten.
5. Wir übergießen den Salat mit der cremigen Sauce.

Hier entdeckt ein knackiger Salat die »sanfte Welle«.

Variante:
Vergessen wir den Parmesan und reiben statt dessen frischen Ingwer in die Creme – ein pikanter Seitenblick in den Fernen Osten.

City-Salat »Bonne femme«

1 Apfel, in kleine Kuben geschnitten
1 Tasse Mungbohnensprossen
1 Tasse Linsensprossen
3 EL Weizenkeime
1 Tasse Luzernengrün
3 Kartoffeln, gekocht und in Scheiben geschnitten
2 Möhren, grob geraspelt
2 EL Senfgrün, klein gezupft
1 EL Bockshornkleegrün
1 EL Rettichgrün

Sauce
2 EL Sonnenblumenöl
2 EL Olivenöl
Saft einer halben Zitrone
1 Spur Salz

1 Knoblauchzehe, um die Salatschüssel auszureiben

1. Die Salatschüssel mit der Knoblauchzehe ausreiben und die Zutaten darin verteilen.
2. Alle Saucenbestandteile in einem Gefäß verquirlen und das Gemisch über den Salat gießen.

Der älteste Gartenbau war das Werk der Frau.
Ob das »Emma« schmeckt?

Wiesengefühl mit Reis

500 g Spinat
3 EL Butter
1 Bund Frühlingszwiebeln, in sehr feine Scheiben geschnitten
½ Zehe Knoblauch, gepreßt
1 Spur Salz
frisch gemahlener Pfeffer

2 Tassen Buchweizenkraut
2 Tassen Sonnenblumenkraut

1. Der gut gewaschene Spinat wird in einem Sieb mit kochendem Salzwasser übergossen. Das macht ihn geschmeidig.

2. In einem Topf die Butter zerlassen und die Zwiebeln anbräunen.
3. Den gut abgetropften Spinat in die gesottenen Zwiebeln geben.
4. Nun würzen.
5. Das 12-Tage-Kraut wird unter den Spinat gemischt und sanft untergezogen.
6. Diesen Salat, solange er noch warm ist, mit körnigem Reis essen.

Weiße Bohnen im Buchweizengrund für den »Froschkönig«

2 Tassen weiße Bohnen, gekocht
2 Möhren, grob geraspelt
2 Tassen Linsensprossen
1 Tasse Luzernengrün

Sauce
1 große Tomate, abgepellt und püriert
1 kleine Schalotte, fein geschnitten
1 TL Sonnenblumenöl
2 EL Walnußöl
2 EL Weinessig
1 Spur Salz
1 Hauch frisch gemahlener Kümmel

4 Tassen Buchweizengrün

1. Die Salatzutaten werden in einer Schüssel vermischt.
2. Die Schalotte im Öl andünsten.
3. Das Tomatenpüree und in der Folge alle noch fehlenden Zutaten zu den gedünsteten Zwiebeln geben.
4. Die lauwarme Salatsauce wird über den Salat gegossen und dieser zum Durchziehen kalt gestellt.
5. Wir garnieren einen großen Teller mit Buchweizen und häufen den Bohnensalat darüber.

Salat »La Lune«

Ist der Mond nicht doch weiblich?

1 Tasse Sonnenblumengrün
1 Tasse Champignons, in sehr feine Scheiben geschnitten
3 EL Weizenkeime
1 Schalotte, fein gehackt und in wenig Butter gedünstet
1 Tasse Krabbenfleisch
1 EL Zitrone zum Übergießen der Champignons
2 EL Kresse

Sauce
1 halbe Avocado, sehr reif und mit der Gabel püriert
1 Eiweiß, zu Schnee geschlagen
1 Prise Meersalz und
1 Hauch Knoblauch, frisch gepreßt
2 EL Sonnenblumenöl
1 Hauch Cherryessig
3 EL Rettichgrün

1. Die Champignons mit dem Zitronensaft übergießen.
2. Alle Salatzutaten in eine Glasschüssel schichten.
3. Die Zwiebelchen werden warm unter den Salat gezogen.
4. Den Salat mit der Kresse garnieren.

Salatsauce

1. Das Avocadopüree mit dem Eischnee zu einer weichen Masse rühren.
2. Die fehlenden Saucenteile in einer gesonderten kleinen Schale verrühren und dann in die Avocadoschaummasse mischen.
3. Wir gießen die Sauce über den Salat, damit sich die Ingredienzen verbinden können.

Hommage an den Sämann

4 Tassen Rotkohl, sehr fein gerapselt
2 EL Öl

2 Tassen Sonnenblumengrün
2 kleine Äpfel, gerieben
1 Zwiebel, sehr fein in kleine Kuben geschnitten

Sauce
2 EL Öl, kalt gepreßt
1 EL Limonensaft
1 Hauch Meersalz
1 Prise Pfeffer, frisch gemahlen
1 TL Honig

2 EL Sesamkörner, in der Pfanne frisch gebräunt

1. In einer schweren und daher sicher stehenden Keramikschüssel stampfen wir mit einem Holzstößel den Kohl im Öl, damit er geschmeidig wird.
2. Die fehlenden Salatzutaten untermischen.
3. Für die Sauce alle Zutaten in einer kleinen Glasschale, mit dem Öl beginnend, innig miteinander vermischen.
4. Wir bestreuen den Salat mit den pikanten Sesamkörnern.

Grüne Revolution am Morgen

Dazu gehören zwei: Lukull und ich.

2 Äpfel, geraspelt
1 Tasse Luzernengrün
2 EL Rosinen, geweicht
½ Tasse Weizengras, mit der Schere in kleine Stückchen geschnitten
2 EL Kresse
2 EL Sonnenblumenkerne
2 EL Weizenkeime
1 EL Sesamsamen, gemahlen
1 ausgepreßte Orange

2 Töpfchen Joghurt

1. Alle Zutaten in einer Schüssel vermischen und gut durchziehen lassen.
2. Wir verteilen die Morgenspeise in 4 Schalen, jeweils mit einem Klacks Joghurt.

Dann kann es losgehen – wir sind stark für einen ganzen Tag!

Salat Greenhorn

1 Tasse geriebene Möhren
2 Tassen Luzernengrün (nicht schneiden!)
1 Tasse Linsensprossen
1 Tasse Sellerie, fein gerieben, und mit ein wenig Zitronensaft beträufelt
½ Tasse gehackte Nüsse nach Wahl
2 EL Rosinen, geweicht
1 EL Zwiebeln, sehr fein gehackt
2 Tassen Buchweizenschößlinge

Sauce
2 Tassen saure Sahne
1 Prise Salz
1 Spur frisch geriebener Ingwer
2 EL Senfsprossen

1. Alle Salatzutaten vermischen.
2. Die saure Sahne wird gewürzt und abgeschmeckt.
3. Die Salatsauce am Tisch gesondert zum Salat reichen.

Smaragdsalat

1 Paprikaschote
1 Tasse Mungbohnensprossen
1 Tasse Luzernengrün
1 Tasse Gerste, gekocht
1 Glas herber Weißwein
1 Tasse Sonnenblumengrün
1 Stange Sellerie, in sehr feine Scheiben geschnitten
2 EL Bockshornklee

Sauce
1 Avocado, sehr reif
2 EL Zitrone
1 TL Honig
1 Prise Salz
grob gemahlener Pfeffer

1. Die Körner 1 Stunde im Weißwein säuern.
2. Die Paprikaschote wird der Länge nach in feine Steifen geschnitten.
3. Nun alle Salatzutaten in einer Schüssel vermischen.
4. Die Avocado mit der Gabel zerdrücken und zu Püree schlagen.
5. Alle Saucenzutaten werden verquirlt und über den Salat gegossen.

Grüne Säfte

Nichts ist täglich erquickender und wichtiger als ein kleiner frischer Gemüsesaft. Der therapeutische Wert ist durch das Chlorophyll besonders groß. Es geht sehr einfach:
Wir nehmen außer unserem Grün aus dem Zimmergarten alle erreichbaren Grünteile von Pflanzen (auch Sprossen) und schneiden sie sehr fein, um sie anschließend mit Flüssigkeit bei kleiner Umdrehung im Mixer zu zerkleinern.
Je nach Flüssigkeitsmenge und Konsistenz der Blätter erhält man Creme oder Saft.
Grünsäfte sind exzellente Zugaben zu Salatsaucen. Sie werden ganz langsam und anfänglich sehr verdünnt getrunken. Immer eine halbe Stunde vor den Mahlzeiten, noch besser auf nüchternen Magen. Dann ist unser Körper ganz besonders aufnahmefähig.
Grüne Säfte lassen sich mischen mit:

Möhren
oder roten Beten
oder Sellerie
oder Tomate, Gurke, Zucchini, Paprika und auch Ananas.

Merke:
Pflanzensäfte werden immer sofort nach dem Pressen *frisch* getrunken.

Nachwort

Rose-Marie Nöcker ist Künstlerin. Sie formt Ton zu schönen lebendigen Formen des Lebens. Und da sie das Element Erde zum Leben bringt, wundert es nicht, daß sie begann, über die Entstehung und Erhaltung des Lebens nachzudenken und zu schreiben. Der Kreislauf ist geschlossen: Erde wird Idee, wird lebendige Form, Idee über das Leben wird zur Erde.

Für Rose-Marie Nöcker ist das Leben unteilbar, es gibt keine Jugend, kein Alter, keine Intelligenz, keinen Körper und keine Seele getrennt. Alles ist verbunden und jedes bewirkt jedes.

Rose-Marie Nöckers Keramikwerk entsteht aus Erde und Energie. Der Rohstoff erhält durch ihre geistige Energie Gestalt und durch die Energie der Flamme Beständigkeit. Alle Energie kommt letztendlich aus der Sonne. Die Flamme entsteht durch Verbrennen von fossilen Pflanzen, Tieren, die Energie des Lebens wird gefüttert mit Pflanzen, die ihre Substanz der Sonnenstrahlung verdanken.

Rose-Marie Nöcker meint, daß die Energie, die wir zum Leben brauchen, um so wirksamer ist, je direkter wir sie aufnehmen. Wir können Sonnenenergie nicht direkt in Substanz verwandeln. Das können nur Pflanzen über das Chlorophyll. Also sollten wir uns mit selbstgezogenen Pflanzen ernähren, in die wir bei der Aufzucht auch unsere Ideen-Energie einfließen lassen.

In sich ist Rose-Marie Nöckers System geschlossen. Es ist ästhetisch, esoterisch und plausibel. Es setzt die Erkenntnis voraus: Ich bin für mich verantwortlich. Kein Mensch (auch kein Arzt oder Psychotherapeut) kann mich heilen. Er kann nur Wegweiser sein. Gehen, leben und gesunden muß ich selbst.

H. G. M.

Quellennachweis

1. Viktoras Kulvinskas
»Leben und Überleben – Kursbuch ins 21. Jahrhundert«
F. Hirthhammer Verlag

2. Dr. Ann Wigmore
»You Are Your Own Healer«
Eigenverlag: Boston, Mass. 02116, USA, Exeterstreet

3. Stephan Blauer
»Rejuvenation«
Eigenverlag wie Nr. 2

4. »Love your body«
OMango D'Press
Rte 171, POB 64, Woodstock Valley, CT 06282, USA

5. From Living Plant Life
Bernhard Jensen
BiWorld Publishers Inc.
P.O. Box 62 Provo, Utah 84601, USA

6. Hans P. Rusch,
»Naturwissenschaften von Morgen« (vergriffen)

7. Jean-Marie Pelt
»Pflanzenmedizin«
Econ-Verlag

8. H. E. Kirschner, M. D.
»Natures Healing Grasses«
H. C. White Publications
P.O. Box 8014, Riverside, California 92505, USA

9. Hildegard von Bingen
»Heilkunde«
Otto Müller Verlag, Salzburg

10. »Leben in Findhorn«
Modelle einer Welt von Morgen
Hermann Bauer Verlag

11. W. Ostertag
»Lebende Makromoleküle«
Humata Verlag

Alphabetisches Register